1년 100권 독서법

바쁜데 교양은 쌓고 싶은 어른들을 위한

1년 100권 독서법

초판 1쇄 인쇄 2019년 6월 14일
초판 1쇄 발행 2019년 6월 19일

지은이 차석호

발행인 백유미 조영석
발행처 (주)라온아시아
주소 서울특별시 서초구 효령로 34길 4, 프린스효령빌딩 5F

등록 2016년 7월 5일 제 2016-000141호
전화 070-7600-8230 **팩스** 070-4754-2473

값 13,800**원**
ISBN 979-11-89089-96-2 (03320)

1년 100권 독서법

바쁜데 교양은 쌓고 싶은 어른들을 위한

차석호 지음

RAON BOOK

프롤로그

인문학의 바다에 빠진 프로그래머

나는 대학에서 컴퓨터과학을 배우고 졸업 후에는 전공을 살려 프로그래머로 일하고 있다. 대학교 다닐 때도 프로그래머로 일할 때도 나는 전공 관련 책만 읽었을 뿐 다른 책은 잘 읽지 않았다. 그래서 당연히 '인문학'과도 거리가 멀었다. 우연히 역사에 관심이 생겨 역사책 정도만 취미로 읽었을 뿐이다. 그러던 어느 날 한 사건이 계기가 되어 인문학에 관심을 가지게 되었다.

직장생활을 하는 내내 나에겐 한 가지 문제가 따라다녔다. 바로 사람을 대하는 태도와 방법을 어떻게 할까 하는 문제였다. 나는 그때까지 사람을 대하는 것에 서툴렀고, 사람의 마음을 잘 헤아리지도 못했다. 제품 판매를 위한 브리핑을 할 때는 그저 "좋으니까 한번 사용해보세요", "써보면 후회하지 않을 것입니다"라는 정도의 말만 겨우 하는 사원이었다. 이래서야 제품을 제대로 홍보할 수도, 팔 수도 없었다. 그래서 동료와 상사로부터 자주 지적받았고 부족한 부분을 보완하라는 충고를 많이 들었다.

처음 그런 말을 들었을 때는 반감이 생겼다. '나를 모함하는 것 같다'는 생각이 들어서 그들의 말을 제대로 듣지 않았고, 내 방식만 고집했다. 결국 이것이 큰 문제가 되었다. 그제야 비로소 상황이 심각하다는 것을 깨닫고, 변화하기로 결심하고는 여러 사람으로부터 조언을 들었다. 이때 한 지인이 인문학 강의를 들어보라고 했고 이를 계기로 그와 몇 번 강연에 참석했다. 그때부터 인문학에 관심을 가지게 되었고, 관련 영상을 찾아서 보게 되었다. 그중 가장 기억에 남는 것은 애플의 창업자 스티브 잡스의 말이었다.

"애플의 모든 제품은 인문학과 기술의 교차점에 서 있다."

잡스의 이 말이 어떤 이유에서인지 몰라도 내 마음을 끌었고 그 말에 담긴 의미를 깊이 알아보게 되었다. 이 과정에서 내가 집중적으로 본 것이 잡스의 제품 설명회 영상이었다. 그가 보여준 것은 인간의 감성을 자극하는 방법이었다. 결국 '인간의 감성을 어떻게 자극시킬 수 있을까?'에 대한 답을 주는 것이 인문학이었다. 또 세인트존스대학교 총장 파나이오티스 카넬로스는 "정보와 통찰을, 기술과 인간을, 인간과 인간을 창조적으로 연결 짓는 힘은 인문학이 훈련시킨 능력이다"라고 했다. 그리고 그는 "이 능력, 즉 인문학이 바탕이 된 연결 짓는 능력은 어느 직업에서도 유용하고 어떤 분야에서도 실용적이다"라고 덧붙였다.

이 말을 듣는 순간 눈이 번쩍 뜨였다. 나는 그동안 인지하지 못했던 부족한 점이 바로 연결 짓는 능력이라는 것을 비로소 알게 되었다. 이것이 내가 인문학에 관심을 가지고, '인문학 큐레이터'가 되기로 결심한 연유다.

사실 그동안 인문학이라고 하면 어렵고 지루하다는 인식이 강했다. 실제로 인문학을 전공한 학생들의 취업률이 낮아서 "인문학을 하면 뭐가 나오나?", "인문학이 먹고사는 문제에 무슨 도움이 되나?"라는 말을 듣는 경우가 많았다. 처음에는 나도 그런 반문에 제대로 반박하지 못했다. 하지만 지금은 다르다. 인문학은 도로, 항만, 공항 등과 같이 직접 무언가를 생산하지는 않는다. 그러나 경제활동을 하는 데 사람과 사람, 지역과 지역 등을 연결시켜주는 없어서는 안 될 사회간접자본과 같다. 인문학이야말로 직접 생산에 관여하지는 않지만 매체와 매체를 연결하는 아주 중요한 연결 고리 역할을 한다. 이를 깨닫고 난 뒤부터 나는 인문학 책을 읽기 시작했다. 그 결과 인문학을 '지식 간접자본'이라고 자신 있게 말할 수 있게 되었다. 그리고 이것이야말로 '인문학이 왜 필요한가?'라는 물음에 대한 가장 명쾌한 답이다.

4차 산업혁명 시대는 인간에게 이전과는 다른 능력을 갖출 것을 요구한다. 이전 시대에는 가지고 있는 지식의 양이 많아야 살아남을 수 있었다. 4차 산업혁명 시대에는 가지고 있는 지식을 창의적으로 활용하는 사람만이 살아남을 수 있다. 이를 위해서는 기존에 해왔던 주입식 교육이 아닌 창의력 교육이 바탕이 되어야 한다. 창의력 교육은 제시한 문제에 대한 정해진 답을 찾는 것이 아니라 스스로 문제를 발견하고 그것을 해결하는 방법을 찾도록 하는 것이다. 또 앞으로의 시대는 여러 학문을 연결시켜서 생각하는 것을 요구한다. 이런 것은 기존의 주입식 교육으로는 하지 못한다. 인문학적 지식이 바탕이 되어야 가능하다. 그렇다면 창의력은 어떻게 키워야 할까?

창의력 향상에 도움이 되는 것은 누가 뭐라고 해도 독서다. 그럼에도 혹자는 "책에서 뭐가 나오나?"라고 반문하고 "책에 기록된 것은 이미 옛날이야기"라고 치부한다. 하지만 책은 출간 당시뿐만 아니라 현재를 비추는 거울이기도 하므로 곧 지금 여기의 이야기이기도 하다.

일례로 과거 세계 대공황과 같은 불황의 시기를 겪으며 이를 극복한 사람이 있다고 치자. 우리는 과거의 어려움을 극복한 이들의 사례를 통해 지금 여기에 닥친 우리들 자신의 극복 방법을 찾을 수 있다. 다시 말해 책을 통해 과거와 현재를 연결하고 자기만의 극복 방법을 찾을 수 있는 것이다. 독서의 궁극적인 목적이 여기에 있다. 과거의 일로부터 배우고, 되짚고, 변화의 길을 모색하는 것을 나는 '파워 독서(Power Reading)'라고 부른다.

파워 독서는 4차 산업혁명 시대에 필요한 창의력을 길러준다. 창의력은 20대에는 취업을, 30대에는 직장에서의 안정을 가져다준다. 40대와 50대에는 좋은 곳으로 스카우트되거나 자기만의 사업을 창업해 인생 제2막을 설계할 수 있도록 도와준다. 창의력을 갖추면 불안감은 더 이상 설 자리가 없다. 바로 이것이 내가 파워 독서를 권하는 이유다.

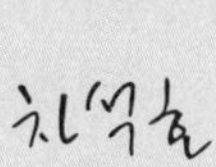

목차

3장 인생의 판을 바꾸는 독서의 힘

4장 1년 100권 STEP 1 읽을 책 선정하기

5장 1년 100권 STEP 2 30일 10권 읽기

6장 1년 100권 STEP 3 100일 33권 읽기

7장 1년 100권 STEP 4 1년 100권 읽기를 5년 지속하기

1장

변화의 파도에
휩쓸리지 않는 무기,
파워 독서

AI에는 없는 창의력은 독서로 기를 수 있다

바야흐로 세계는 4차 산업혁명 시대로 접어들고 있다. 이미 독일의 스포츠 브랜드 아디다스는 시대에 발맞춰 스마트 팩토리를 운영하고 있다. 이 시스템은 모든 공정을 스마트폰으로 컨트롤할 수 있어서 이전에 500명이 하던 일을 10명으로도 충분히 할 수 있다. 이 말은 곧 490개의 일자리가 사라진다는 뜻이다.

이러한 현상은 공장뿐만 아니라 일상생활에서도 나타나고 있다. 내가 자주 가던 식당은 최근 주문과 결제를 무인 단말기가 대신 받는다. 주문받는 사람을 기계로 대체한 것이다. 주문받고 계산하는 것은 인간보다 기계가 정확하고 빠르기 때문에 이런 일자리에서는 더 이상 인간이 설 곳이 없다.

이런 현상이 가속되면 인간의 일자리가 줄어들어 생존에 위협을 느낄 수밖에 없다. 그렇다고 해서 시대의 흐름을 되돌릴 수 있는 것도 아니다. 18세기 1차 산업혁명 때 기계로 인해 일자리를 잃은 사람들이 기계를 파괴하는 이른바 러다이트 운동을 벌인 적이 있다. 그 운동은 실패로 끝났다. 시대의 흐름을 막을 수 없었기 때문이다. 역사를 살펴보면 그 시대가 원하는 능력을 갖추어야만 시대의 흐름에 발맞추어 잘 살아갈 수 있다.

4차 산업혁명 시대에는 인간만이 가능한 사고력을 극대화시켜야 하고, 그 분야를 특화시켜야 한다. 이런 분야가 바로 창의력을 요구하는 분야다. 창의력은 타고나는 것이 아니다. 인간은 생각하는 능력 중 기본적인 것만 갖추고 태어날 뿐 창의력을 갖고 태어나는 것은 아니기 때문이다. 따라서 성장하는 동안 외부에서 들어오는 지식을 쌓아 깊이 생각하는 능력을 갖추고 이를 자양분 삼아 창의력을 길러야 한다.

파워 독서가 답이다

창의력을 갖추기 위해서는 단순하게 생각하는 게 아니라 다르게 생각하는 능력이 있어야 한다. 이를 위해서는 '검증된 지식'이 필요하다. 독서는 곧 검증된 지식을 체득하는 가장 확실한 과정이다. 꾸준한 독서로 책에 담긴 지혜와 지식을 내면에 차곡차곡 쌓으면 된다. 이렇게 쌓인 지식과 지혜가 자신의 경험과 뒤섞이면서 비로소 창의력으로 발휘되는 것이다. 창의력이 갖추어져 있는지 여부는 당장 확인할 수 없다. 하지만 책을 읽는 동안 자기자신은 인식하지 못해도 창의력은 꾸준히 쌓인다. 단지 그것이 발휘될 수 있는 온도에 아직 도달하지 못했을 뿐이다.

지금 당장 드러나지 않는다고 해서 실망하지 말고 꾸준히 쌓아가는 것이 중요하다. 그러기 위해서는 꾸준히 책을 읽고 생각하는 일을 멈추지 말아야 한다.

"서당 개 3년이면 풍월을 읊는다"는 속담이 있다. 이 말은 '어떤 일을 최소 3년 동안 꾸준히 하면 자신도 모르는 사이에 전문가에 버금가는 능력을 갖게 된다'는 의미다. 독서도 이와 같다. 서당 개가 풍월을 읊기 위해 3년을 공들이듯이, 꾸준한 독서로 공을 들여야 창의력을 발휘할 수 있는 단단한 토대를 갖출 수 있다. 나 역시 파워 독서를 시작하고 3년이 지나서야 서서히 효과를 보기 시작했다. 3년 동안 치열하게 책을 읽어보라. 그러면 이전과는 다른 자신을 만나게 될 것이다.

파워 독서가 가져오는 효과

사람들은 자신에게 도움이 된다면 기꺼이 비용을 지불한다. 그런데 투자 대비 효과가 가장 큰 독서에는 자못 인색하다. 이는 대부분의 사람이 독서를 하면 무엇이 좋은지 잘 모르기 때문이다. 운동을 하면 근육이 붙은 멋진 몸을 결과물로 확인할 수 있다. 외국어 공부 역시 이전에는 서툴렀던 외국인과의 대화가 막힘없이 되는 등 공부 효과를 확인할 수 있다. 그러나 독서는 그렇지 않다. 당장 눈에 띄는 변화도, 써먹을 수 있는 기술도 불확실하고 모호하다. 그러나 독서의 효과는 눈으로 확인하는 것이 아니라 머리로 마음으로 느끼는 것이다. 그렇다면 꾸준히 독서를 하면 어떤 효과를 볼 수 있을까?

무엇보다 독서를 꾸준히 하면 창의력 향상 효과를 볼 수 있다. 창의력 향상에는 많은 시간이 필요하다. 또 검증된 지식을 가공해서 결과물로 나오게 하려면 많은 생각과 관련된 지식의 융합이 필요하다. 이것은 독서를 통해서만 할 수 있다. 스티브 잡스가 아이폰을 만들 수 있었던 것도 무선 인터넷, 컴퓨터, 휴대폰 같은 관련 지식이 바탕이 되었기에 가능했다.

잡스의 혁신적인 아이디어는 모두 독서와 관련이 깊다. 그가 혁신적인 상품을 내놓을 수 있었던 것도, 그 개발과 융합에 성공한 것도 모두 폭넓은 독서로 얻은 지적 유산 덕분이다. 소문난 독서광인 잡스가 창의적인 능력을 발휘할 수 있었던 것은 어찌 보면 당연한 결과다. 그가 말했던 "다르게 생각하라(Think Different)"라는 말은 방대하고 깊이 있는 지식 없이는 절대로 불가능하기 때문이다.

알베르트 아인슈타인이 어떻게 아이작 뉴턴의 고전 물리학에 의문을 가질 수 있었을까? 바로 물리학에 관한 방대한 지식과 관련 학문에 조예가 깊었기 때문이다. 그렇지 않았다면 아인슈타인은 '상대성 이론'을 발표할 수 없었을 것이다. 하지만 이들도 처음부터 이런 능력을 보여준 것은 아니다. 오랜 시간 꾸준한 독서의 결과로 나온 것이다.

생존의 비책

4차 산업혁명 시대의 또 다른 화두는 '생존'이다. 4차 산업혁명 시대는 그 어느 때보다 '생존'에 대한 두려움이 큰 시기다. 그러나 어느 시대를 막론하고 생존에 대한 두려움은 컸다. 그래서 인간은 이 과정을 책으로 남겨 놓았다. 대표적인 책이 서애 류성룡의 책이다. 류성룡은《징비록》의 서문에서 저술의 이유를 다음과 같이 적고 있다.

> "《시경》에 '내가 지난 일의 잘못을 징계하여 뒤에 환난이 없도록 조심한다'는 말이 있는데, 이것이 내가《징비록》을 저술한 까닭이다."

류성룡이 책을 쓴 이유는 임진년의 과오를 반복하지 않기 위해서였다. 이 말은 21세기를 사는 우리에게도 그대로 적용할 수 있다. 역사를 돌아보면 현재와 비슷한 상황을 쉽게 찾을 수 있다. 과거에 실패했다면 실패 원인을 찾아 현재에 이를 반복하지 말아야 한다. 반대로 성공했다면 성공 요인이 무엇인지 면밀히 파악해서 현재에 적용해야 한다.

과거 사례를 가장 잘 파악할 수 있는 것은 역사를 기록한 책이다. 그래서 우리는 책을 통해서 과거를 배우고 미래를 설계할 수 있다. 물론 책이 출간된 당시와 현재의 상황이 똑같을 수는 없다. 하지만 책의 내용을 바탕으로 현재의 상황에 맞게 적용해볼 수는 있다. 이것을 제대로 하려면 깊이 있는 사고와 통찰이 필수다. 그래야 현재 상황에 적용할 수 있는 가장 좋은 생존법을 찾을 수 있다.

파워 독서는 단순하게 책을 읽는 것을 뜻하는 것이 아니다. 독서를 통해 습득한 지식을 내 것으로 만드는 과정을 반드시 동반한다. 나아가 자기 삶을 바꾸는 과정도 동반한다. 삶을 하루아침에 바꿀 수는 없다.

꾸준한 노력이 있어야 하고 치열하게 노력해야 한다.

건강을 위해 매일 피트니스 센터에 가서 웨이트트레이닝을 하는 것처럼 치열하게 독서를 해보라. 그러면 생존할 수 있는 토대가 마련될 것이다. 독서는 운동과 마찬가지로 그 효과가 서서히 나온다. 그러니 초기에 효과가 나오지 않는다고 해서 포기하지 말고 끝까지 해보자.

독서는 인생의 판을 바꾼다

불황기에는 기업과 개인 할 것 없이 미래가 불투명하다. 이 시기에는 바닥으로 떨어지기는 쉬워도 바닥을 치고 올라오기는 쉽지 않다. 하지만 이런 어려운 상황에서도 성공하는 사람들이 있다. 그들은 위기를 기회로 만드는 탁월한 능력을 갖추고 있다.

부산 덕천동에 자주 가는 카페가 있다. 내 오랜 지인이기도 한 이곳 사장은 벌써 10년 넘게 가게를 운영하고 있다. 그의 카페는 지하철역에서 도보로 10분 거리라는 단점이 있다. 설령 운전을 해서 찾아오더라도 주변에 주차할 공간이 거의 없다. 게다가 그의 카페로 가는 길에는 다른 경쟁 카페도 많이 들어서 있다. 이런 조건 탓에 지인은 이곳으로 카페를 옮길 때 걱정을 많이 했다. 부산 중앙동 대로변이었던 이전 카페

와는 장소 면에서 좋지 않았던 것이다. 그러나 보증금과 기타 건물에 소소한 문제가 생겨 이전할 수밖에 없었고, 마땅한 자리를 구하지 못해 고민하다 바로 지금의 자리로 옮기게 된 터다.

하지만 지인의 걱정은 기우였다. 그는 이 위기를 그만의 방법으로 극복했다. 그는 다른 카페에서는 맛볼 수 없는 원두를 공수해 와서 색다른 커피 맛을 선보였다. 개성 있는 커피를 맛보고 싶은 사람들 사이에 소문이 나면서 카페를 찾는 사람들이 늘어났고, 이제는 외진 장소 따위는 걱정하지 않게 되었다.

위기를 극복하려면 현실을 바라보는 시선을 넓혀야 한다. 그리고 그 초점을 바꿔야 한다. 그러기 위해서는 남들과 다르게 바라보는, 자신만의 시선을 가져야 한다.

자기만의 시선으로 산다

자기만의 시선을 가진다는 것은 현실을 다르게 바라본다는 의미다. 그러기 위해서는 비판적으로 사고하는 능력을 가져야 한다. 비판적 사고는 독서를 통해서 향상시킬 수 있다. 책을 읽고 저자와 대화하면서 나만의 생각을 갖는 것이 비판적 사고의 시작이다.

독서를 할 때 먼저 고려해야 할 것은 '저자의 주장이 진리'라는 편견을 버리는 일이다. 세상에 완전한 진리는 없다. 책을 읽을 때 저자의 주장에 의문을 가지는 것이 중요하다.

조선 후기 실학자 담헌 홍대용의 《의산문답》은 세상을 바라보는 시선에 관해 다루고 있다. 당시 조선을 대표하는 사람인 허자는 남만주의

명산 의무려산(醫巫閭山)에 은둔하고 있는 실옹을 만난 자리에서 "세상의 중심은 중국"이라고 말한다. 이에 실옹은 "내가 지금 서 있는 곳이 세상의 중심"이라는 주장을 편다. 저자 담헌은 실옹의 입을 빌려 조선 성리학의 폐단에 대해서 비판하고 중화사상을 버려야 한다고 말하고 있다.

《의산문답》은 담헌이 살던 조선 후기뿐만 아니라 21세기를 사는 우리에게도 시사하는 바가 크다. 내 인생의 주인공은 바로 세상의 중심에 있는 '나' 자신이라는 것이다. 즉 세상의 기준으로 인생을 사는 것이 아니라 자신의 기준으로 인생을 살라는 것이다. 이 메시지는 21세기를 살아가는 우리들에게도 그대로 적용된다.

우리들 중에 과연 몇 명이나 자신의 기준으로 인생을 살아가고 있을까? 대부분의 사람은 세상의 기준으로 인생을 살아가고 있다. 그 이유는 자기자신을 기준으로 살아가는 방법을 모르기 때문일 것이다. 이런 모습을 담헌이 지켜봤으면 한숨만 내쉬었을 것이다.

자기만의 인생을 살아가기 위해서는 무엇보다 조언을 듣고 도움을 받을 만한 대상을 찾아야 한다. 그중 가장 쉬운 방법은 검증된 책을 지침으로 삼는 것이다. 담헌의 인생과 책은 이 점에서 이정표 역할을 톡톡히 하고 있다.

실학파 중 하나인 북학파의 거두 홍대용은 박지원과 함께 몇 안 되는 양반 출신 실학자였다. 후대에 널리 알려진 연암 박지원의 《열하일기》는 홍대용의 영향을 직접적으로 받은 책이다. 담헌이 실학파의 거두가 될 수 있었던 것은 바로 독서를 통해 자신만의 시각을 가졌기 때문이다. 그는 독서로 쌓은 자기만의 시각을 바탕으로 자신이 속한 노론의 거두 '우암 송시열'의 사사에 반대 의견을 낼 수 있었다. 그것을 잘 보여주는 것이 바로 《의산문답》이다.

우리는 담헌을 실학자로만 알고 있지만 그는 《독서부결》이라는 경전 읽는 법을 쓸 정도로 독서에 조예가 깊었다. 그리고 담헌이 《의산문답》과 《담헌서》 같은 의미 있는 책을 저술하던 시기는 공교롭게도 그가 과거에 여러 차례 낙방했던 때였다. 만일 그에게 이 시기가 없었다면, 또 이 시기에 그가 절망에 빠져 손놓고 있었다면 이 같은 명저는 세상의 빛을 보지 못했을 것이다.

차별화 전략으로 승부하라

독서는 담헌의 경우처럼 세상을 바라보는 시선을 넓혀주는 효과가 있을뿐더러 한 걸음 더 나아가 인생의 판 자체를 바꾸기도 한다. 여기서 말하는 독서는 단순하게 책만 읽는 것이 아니다. 독서를 통해 자기만의 시선을 가지고, 이것을 토대로 삶을 변화시키는 것을 의미한다. 그러기 위해서는 치열하게 책을 읽어야 한다.

내 주변에도 그런 사람이 있다. 사회에 나와서 친하게 지내는 '김치환'이라는 친구가 그렇다. 현재 그는 '헬로클린데이(Hello Clean Day)'라는 청소업체 대표인데, 그의 청소업체에는 늘 일감이 몰려 있다. 사실 그의 업체는 친환경 고급 세제를 쓰기 때문에 단가가 싼 것도 아니다. 그럼에도 일감이 몰려드는 것은 그에게 특별함이 있기 때문이다.

그의 업체는 깔끔하게 청소하기로 유명하다. 게다가 자기가 사용하지 않는 세제는 고객한테도 권하지 않는다. 그래서 한 번 그에게 청소를 맡겼던 고객은 다음번에도 그의 업체를 찾는다.

2년 전 한 술자리에서 그는 "일이 아무리 바빠도 책은 반드시 읽는다"라고 내게 말했다. 그러고는 그렇게 꾸준히 해온 독서가 지금의 사업을 하는 데 큰 도움이 되었다고 했다. 그는 특히 《논어》의 〈학이〉편에 나오는 "남이 자신을 알아주지 못할까 걱정하지 말고 내가 남을 제대로 알지 못함을 걱정해야 한다(人不知而不慍, 不亦君子乎)"라는 구절을 생활신조로 삼고 있다고 했다. 그에게 이 구절은 '고객의 요구를 제대로 아는 것'을 의미한다.

불황기에는 어느 업종이든 대개 일감이 줄어든다. 그래서 일감을 늘리기 위해 단가를 낮추는 것이 일반적이다. 하지만 헬로클린데이 김 대표는 시각이 달랐다. 오히려 고급화 전략을 써서 고객들에게 어필했고, 이것이 통했다. 그가 이렇게 다른 시각으로 고급화 전략을 쓸 수 있었던 바탕에는 인문학적 독서가 있었다.

인생의 판을 바꿔보고 싶은가? 그렇다면 파워 독서를 통해 세상을 바라보는 다양한 시각을 가져보자.

독서는 취미가 아닌 생존무기다

4차 산업혁명 시대는 패러다임이 변하는 시대다. 생활의 패러다임에 맞춰 일의 패러다임과 교육의 패러다임이 같이 변할 수밖에 없다. 이 중 가장 큰 변화가 있는 것은 교육의 패러다임이다. 시대가 요구하는 역량을 갖춘 인재를 육성하기 위해서는 그에 맞는 교육이 이루어져야 한다.

앞에서도 말했듯이, 4차 산업혁명 시대가 요구하는 역량은 '창의력'이다. 창의력은 주어진 문제에 정해진 답을 찾는 것이 아니다. 창의력 교육이란 주어진 문제에 대한 나만의 해결책을 찾는 과정을 말한다. 이런 유형의 문제는 정해진 답이 있는 것이 아니어서 같은 문제를 마주하는 사람마다 각기 다른 답이 나올 수 있다. 이처럼 사람마다 각자 다르게 생각하는 것, 이것이 창의력의 핵심이다. 이 때문에 창의력은 주입식 교육으로는 갖출 수가 없다. 스스로 생각하는 능력을 배양하고, 다르게 생각하는 능력을 중요시하는 교육에서만 창의력을 갖출 수 있다.

창의력의 핵심인 '생각하는 능력'은 인간이라면 누구나 가지고 있다. 하지만 그 능력은 기초적인 것에 불과하다. 생각하는 능력을 극대화하기 위해서는 지식이 내 머릿속으로 들어와야 된다. 그러기 위해서는 지식이 들어올 수 있는 연결고리, 즉 간접자본이 있어야 한다. 이것을 나는 앞에서 '지식 간접자본'이라고 불렀는데, 독서가 이런 역할을 한다.

지식 간접자본을 통해 무엇을 채울까?

창의력을 극대화하려면 지식이 필요하다. 그것도 확실하게 검증된 지식이어야 한다. 검증된 지식을 응용해서 새로운 결과물을 만드는 것이 바로 창의력이다. 지식의 홍수 속에서 검증된 지식을 손쉽게 얻을 수 있는 방법이 바로 독서다.

책을 읽는다는 것은 검증된 지식을 습득하는 일이다. 예를 들어 애덤 스미스가 《국부론》에서 주장한 '보이지 않는 손'은 시장 경제체제에서 '수요와 공급의 법칙에 따라 가격이 형성된다'는 것으로 증명되었다. 수요보다 공급이 많으면 가격이 싸지고, 그 반대가 되면 가격이 비싸지는 것은 '보이지 않는 손'이 작용하는 까닭이다. 이것은 자연과학에서도 마찬가지다. 아인슈타인의 《상대성 이론》도 검증되었기에 책으로 나올 수 있었다.

책을 통해서 같은 주제에 대한 다양한 생각을 만날 수도 있다. 저자들의 다양한 시선과 접근법은 자신의 시야를 넓히는 계기가 되어준다. 자신만의 생각을 가지는 것은 잡스가 말한 '다르게 생각하기'의 바탕이며, 이는 곧 창의력의 기본이다.

절망의 낭떠러지에서 만난 동아줄

실패를 딛고 성공한 사람들의 이야기 또한 독서를 통해 접할 수 있는 자산이다. 그들의 이야기에서 우리는 그들이 불황기를 헤치고 생존할 수 있었던 비결을 얻을 수 있다. 또 이를 바탕으로 자신만의 생존법도 찾을 수 있다. 내가 책에서 알아낸 성공한 사람들의 공통된 생존 비결은 독서였다.

나 또한 책을 통해 생존법을 찾은 적이 있었다. 지금으로부터 10여 년 전 다니던 회사에서 퇴사한 후 2년 정도 재취업이 되지 않아 힘든 시기를 보냈다. 처음 석 달간은 그럭저럭 버틸 수 있었다. 하지만 넉 달째부터는 왠지 나를 보는 가족의 시선이 차갑게 느껴졌다. 게다가 직장에서 안정적으로 자리를 잡고 있는 친구들을 보면서 나 자신이 초라하게 느껴졌다. 이후 실업자로 지내는 시간이 길어질수록 자존감은 바닥으로 떨어졌고, 불안감에 짓눌렸다. 몇 차례 겨우 얻은 면접 기회조차 살리지 못하면서 '이러다가 영영 직장을 얻지 못할 것 같은 두려움'에 사로잡혔다. 그러던 어느 날 이런 힘겨운 삶을 끝내려고 근처 바닷가의 높은 낭떠러지 위에 섰다. 낭떠러지에 서서 친한 선배에게 마지막으로 한마디하려고 전화를 걸었다. 그때 그가 해준 말이 나를 낭떠러지에서 돌아서게 했다.

"어떤 선택을 하든 그것은 네 자유야. 하지만 그 선택을 했을 때 후회가 될지 어떨지 생각해봐. 지금 네 처지와 같은 사람이 한둘이 아니야. 그런데 버티고 있는 사람이 훨씬 많아. 너도 한번 버텨봐! 그러면 절대 후회 안 할 거다."

당시에는 이 말을 제대로 이해하지 못했지만 왠지 그의 말이 맞는 것 같아 발길을 돌렸다. 그렇게 마음을 바꾼 후 나는 그에게 조언을 구했다. 그때 그는 나한테 "속는 셈치고 책을 한번 읽어봐"라고 했다. 그 말에서 그의 진심이 느껴졌고 나는 그날로 근처 도서관에 가서 책을 읽기 시작했다. 당시 내가 읽었던 책들은 자기계발서와 실패를 딛고 성공한 사람들의 이야기였다. 그렇게 나는 100일간 40여 권을 정신없이 읽어 내려갔다. 그러고 나니 내 안에 있던 '절망감'은 '자신감'으로 바뀌게 되었고, 드디어 몇 달 후에 취업할 수 있었다.

"He can do. She can do. Why not me?"

이 문장은 미국 100대 우량기업이면서 업계 세계 1위를 고수하는 반도체 장비회사 라이트하우스(Lighthouse)를 비롯한 유망 하이테크 산업의 최고경영자 김태연의 《사람들은 나를 성공이라는 말로 표현한다》에 나오는 말이다. 이 문장을 처음 접했을 때 나는 계속된 실패로 자신감을 잃은 상태였다. 자신감이 없으니 다시 일어설 힘조차 생기지 않았다. 그런 내게 이 문장은 각별히 다가왔다.

'어차피 지금 내 상황은 바닥이다. 더 떨어질 곳도 없다. 밑져도 본전이니 한 번만 김태연 회장의 말처럼 해보자'라고 결심했다. 이렇게 결심한 후 원하던 회사에 면접을 보게 되었다. 그때 처음으로 주눅 들지 않고 내 이야기를 했고, 이것이 합격으로 이어졌다. 지금도 힘든 일이 있을 때 이 말을 되새기곤 하는데, 그럴 때면 힘이 저절로 솟는 것을 느낀다.

이렇게 삶에 대한 생각이 바뀌면서 나는 나만의 생존 방법에 대해서 고민하기 시작했다. 그리고 그것은 나만의 책 쓰기로 이어졌다. 물론 이 일은 빠른 시일 내에 할 수 없는 일이라 충분한 준비 시간을 가졌다. 그래서 2015년이 되어서야 본격적으로 책을 쓰기 시작했다. 그 결과 지금까지 2권의 책을 출간할 수 있었다.

내가 낭떠러지에 서서 뛰어내리려 했을 때 1차적으로 내 마음을 잡아준 것은 선배의 말이었지만, 그 후 그가 권한 '독서'는 나를 살도록 붙잡아주었다. 이때 독서를 통해 어려움을 극복하는 방법을 알게 되었고, 나만의 극복 방법도 찾았다. 이렇게 독서는 내게 생존의 무기가 되었다.

미리 준비하는 사람이 기회를 잡는다

내가 만든 독서 토론 모임 'Reading부산'의 멤버 중 한 명은 법무부 공무원으로 김해공항에서 여행객들의 출입국 심사를 하고 있다. 그가 독서 토론 모임을 처음 찾은 것은 약 1년 전이다.

처음 모임에 참석한 날 그는, 책을 읽고 싶은 마음은 큰데 혼자서는 이런저런 이유로 읽지 못하는 일이 많아서 큰맘 먹고 모임에 가입하게 되었다고 참석 이유를 털어놓았다. 또 아무래도 혼자 읽는 것보다 여러 사람과 같이 읽고 토론하는 것이 효과가 좋을 것이라 생각했다고도 했다. 자신의 근무 특성상 일하는 날과 겹치면 참석은 못하지만 선정된 책은 읽겠다고 약속했고 실제로 그는 그 이후 선정된 책을 전부 읽었다.

그의 근무 시간은 김해공항의 이착륙이 허용된 오전 6시부터 밤 11시까지였고 근무 다음 날은 휴무였다. 김해공항은 인천공항과 마찬가지로 연중무휴로 운영되지만 3교대를 하는 인천공항에 비해 근무환경이 열악하다. 게다가 토요일, 일요일, 공휴일에는 무조건 쉬는 관공서와 공공기관과도 근무 형태가 달랐다.

이런 조건임에도 그는 근무가 없는 날이면 꾸준히 모임에 참석했다. 그리고 매번 자신이 읽은 책을 밴드에 공유했다. 그가 공유한 책 정보 덕분에 다른 멤버들도 다양한 책을 접할 수 있었다. 그러던 중 2019년 2월, 그는 회사 생활에 전환기를 맞았다.

참가자에서 주최자로

사내 독서 모임을 기획하여 얼떨결에 리더가 된 것이다. 사실 그는 이전부터 출퇴근길 지하철 안에서 항상 책을 읽었다. 이때 읽은 책이 제레드 다이아몬드의 《총균쇠》, 파트릭 모디아노의 《어두운 상점들의 거리》, 칼 세이건의 《코스모스》 등이었다. 이를 본 동료들이 호기심을 가졌고, 그는 틈날 때마다 책을 읽으라고 권했다. 그러다가 회사에서 마음에 맞는 사람들과 독서 모임을 시작하게 되었다.

하지만 그때까지만 해도 비공식 모임이었고, 참석자가 적어서 그 누구도 관심을 갖지 않았다. 독서 모임 초창기에는 스트레스가 이만저만이 아니었고 모임을 운영한 경험이 없어 제대로 된 모임을 할 수 없었다. 게다가 그는 동료들을 대하는 태도가 서툴렀다. 이것이 모임을 활성화하는 데 걸림돌이 되었다. 그러던 것이 Reading부산 독서 토론 모임에 가입한 후 서서히 얼굴 표정이 바뀌었고, 동료들을 태하는 태도도 바뀌었다.

이전까지 그는 동료를 대하는 것이 어려웠다고 한다. 하지만 독서를 통해 동료를 대하는 방법을 배웠고, 이것이 그를 바뀌게 했다. 그 후 그의 얼굴은 미소 가득한 표정으로 변했고, 이를 본 동료들의 태도도 변했다. 동료들은 달라진 비결을 물었고 그는 망설임 없이 "독서"라고 말했다. 이 말을 듣고 처음에는 반신반의했던 동료들도 그가 책의 내용을 인용하면서 이야기하는 것을 듣고 독서에 관심을 가지게 되었다. 이 때문에 사내 동아리에 독서 모임도 공식적으로 포함될 수 있었다.

그는 자신이 사내 독서 모임을 만들고 리더가 될 것이라고는 전혀 생각하지 못했다고 했다. "아마 독서가 아니었으면 자신에게 이런 기회가 오지 않았을 것"이라고 했다. 우연인 것처럼 보이지만 사실은 독서를 통해 내공이 쌓였기 때문에 기회가 찾아온 것이 아닐까.

기회는 예고하지 않고 찾아온다

'기회'는 자신을 직접적으로 드러내놓고 다니지 않는다. 그래서 기회를 잡지 못하는 사람들은 이것이 '기회'인지 제대로 판단하지 못한다. 나는 2011년부터 독서를 하면서 동시에 네이버 블로그 'Football Story of Andres'에 글을 올렸다. 블로그 제목에서 알 수 있듯이 좋아하는 '축구' 관련 글을 주로 올렸는데, 다른 사람이 미처 생각하지 못했던 부분을 짚어서 설명해준다며 호응을 많이 받았다.

이런 반응을 얻을 수 있었던 것도 독서 덕분이다. 내가 쓴 글 중 수만 명이 읽은 글들은 모두 독서를 시작하고 난 후에 쓴 글이다. 나는 파워 독서를 통해 지식을 쌓았고, 이것을 토대로 다르게 생각할 수 있는 능력을 키웠기 때문에 이런 글을 쓸 수 있었다.

예를 들어 잉글리시 프리미어리그 아스널에 뛰고 있었던 로빈 판 페르시가 라이벌 팀인 맨체스터 유나이티드로 이적했을 때 쓴 칼럼이 폭발적인 관심을 끌었다. 당시 칼럼의 제목이 '판 페르시의 선택 루이스 피구? 루이스 엔리케?'였다. 이 글은 라이벌 팀으로 이적한 선수가 전 소속팀과의 대결에서 어떤 활약을 펼칠지에 대해서 쓴 것이다. 이런 유형의 선수 중 대표적인 선수가 피구와 엔리케다. 피구는 지난 2000년 FC 바르셀로나에서 레알 마드리드로 이적했다. 반면에 엔리케는 1996년 레알 마드리드에서 FC 바르셀로나로 이적했다. 게다가 4년 동안 두 선수는 FC 바르셀로나에서 같이 뛰기도 했다.

이 글에서 내가 말하려고 하는 것은 두 선수의 전 소속팀과의 경기, 특히 원정 경기에서의 활약이다. 두 선수는 라이벌전에서의 활약이 달랐다. 피구는 원정 경기에서 봉변을 당한 뒤 출전을 기피했다. 엔리케는 이와 반대로 원정 경기에서 엄청난 활약을 펼쳤다. 골을 넣고 소속팀의 엠블럼에 키스를 하는 세레모니로 전 소속팀 팬들의 광분을 자아내기도 했다. 그래서 이를 토대로 판 페르시는 전 소속팀 아스널과의 원정 경기에서 어떤 선택을 할지에 대해서 칼럼을 썼다.

이것은 당시 어느 누구도 접근하지 못했던 방식이다. 내가 이렇게 접근할 수 있었던 것은 두말할 것 없이 독서의 영향이 컸다. 독서를 통해 다르게 생각하는 능력을 키웠고, 이것이 칼럼을 통해 드러난 것이다. 나의 이전 칼럼을 보면 알 수 있듯, 독서 내공이 없을 때는 평범하게 생각했다. 그런데 칼럼에서 '다르게 생각하기'를 시도했고, 그 결과 네이버 스포츠의 메인 페이지 올라 폭발적인 반응을 얻었다. 내 칼럼을 읽고 참신한 접근이 좋았다는 어느 누리꾼의 댓글은 지금도 기분 좋게 기억하고 있다. 이후 몇 차례 더 내가 쓴 칼럼이 좋은 반응을 보여서 네이버뿐만 아니라 다음에도 소개되는 행운을 얻었다.

이것이 계기가 되어 한 인터넷 언론사의 요청으로 1년간 고정 칼럼을 쓰게 되었다. 이후 책을 출간하느라 칼럼을 계속 이어가지는 못했지만, 나에게 이런 기회가 온 것은 그저 우연이 아니었다. 파워 독서를 통해 꾸준히 내공을 키웠고, 눈앞에 온 기회를 잡을 수 있었다.

2장

진짜 나를
찾고 살리는
독서

책을 읽으며 나를 마주하는 힘을 길러라

바쁜 일상을 보내는 현대인에게 가장 부족한 것은 '나를 있는 그대로 바라보는 시간'이다. 대부분의 사람은 '나를 가장 잘 아는 사람은 나'라고 생각한다. 그래서 자신과 마주하는 시간이 필요 없다고 생각한다. 그런데 실제로 '나 자신을 제대로 볼 수 있는 방법'을 아는 사람은 드물다.

자기 자신을 제대로 바라보기 위해서는 내면의 소리에 귀를 기울여야 한다. 내면의 소리가 바로 '나 자신의 참모습'이며 '자신이 정말로 원하는 것'이다. 내가 프로그래머 일을 하면서 책을 출간하게 된 것은 '책을 쓰고 싶다'는 내면의 소리와 마주했기 때문이다.

내면의 소리와 마주하기 위해서는 자기 자신을 객관적으로 바라봐야 한다. '나'를 있는 그대로 바라볼 때 '나 자신'이 가진 장단점을 정확하게 파악할 수 있다. 또 자신이 원하는 것을 하기 위해서는 무엇이 부족하고 필요한지를 제대로 알 수 있다.

그런데 사람들은 대개 '어떤 것이 진짜 내면의 소리'인지 구분하지 못한다. '내면의 소리'를 구분하지 못하는 이유는 이것이 '충동'과 유사하기 때문이다. '충동' 역시 내면에서 올라오는 소리다. 가령 스마트폰을 구입한 지 얼마 안 되었음에도 최신 스마트폰으로 바꾸고 싶은 생각이 드는 것은 충동이다.

그렇다면 '진정한 내면의 소리'와 '충동'을 구분할 수 있는 방법은 무엇일까? 이 두 가지를 구분하는 것은 그것이 '사색의 결과'인지를 따져보면 된다. 사색을 거쳐서 나오는 것은 충분한 생각을 했다는 것이다. 이 과정을 거친 후에 나온 소리는 '진정한 내면의 소리'다. 그렇지 않고 즉흥적으로 나오는 것은 '충동'이다.

그런데 대부분의 사람들은 사색을 어떻게 해야 되는지 잘 모른다. 사색이란 '어떤 것에 대해 깊이 헤아려 생각하는 것'이다. 이를 위해서는 '생각하는 힘'이 강해야 한다. 그리고 생각하는 힘이 강해지려면 외부에서 들여온 많은 지식을 머릿속에서 가공해 자기 것으로 만들어야 한다.

혼자 생각하고 들여다본다

깊이 생각하려면 외부 환경이 중요하다. 많은 사람이 있는 장소보다 혼자 있는 장소가 좋다. 많은 사람이 있으면 그들의 소리로 인해 집중이 잘되지 않는다. 깊이 생각하는 것은 고도의 집중력이 필요하다.

그렇기 때문에 집중이 되지 않으면 깊은 생각을 통한 사색의 효과가 나타날 수 없다. 그래서 나는 조용한 환경을 권한다.

특히 '내면에서 들려오는 소리'를 제대로 듣기 위해서는 그 어떤 방해도 받지 않는 것이 좋다. 주변에 방해 요소가 있으면 '내면의 소리'가 무엇을 의미하는지 정확히 파악하는 것이 불가능하다. '내면의 소리'를 제대로 들어본 적이 없는 초보자의 경우는 다른 사람들보다 주변 환경에 민감하게 반응하기 십상이므로 혼자 조용히 있을 수 있는 환경을 조성하는 것이 중요하다.

독서할 때도 마찬가지다. 책을 읽고 사색을 통해 자기만의 생각을 확립하기 위해서는 혼자 조용한 장소에서 하는 것이 효과적이다. 한 권의 책을 읽고 거기서 얻은 바를 자신의 것으로 만들기 위해서는 책의 내용을 정확히 이해해야 한다. 이를 위해 책에 온전히 집중하는 환경을 만들어야 한다. 조용한 환경에서 누구의 방해도 받지 않고 책을 읽을 때 집중력이 최고조에 달하기 때문이다. 집중이 잘되면 생각도 깊게 할 수 있다.

나를 온전히 들여다보기 위해서는 나와 비슷한 상황에 처했던 사람의 사례를 찾아서 참고하는 것이 가장 좋다. 책 속에 등장하는 '나와 비슷한 상황에 처해 있던 사람'을 통해 현재의 나와 비교해볼 수 있다. 이 과정을 통해 정확하게 나를 바라볼 수 있다.

나는 이런 경험을 한 적이 있다. 송수용의 《내 상처의 크기가 내 사명의 크기다》에 나온 '패배의식이 패배를 부른다', '내 상처의 크기가 내 사명의 크기다', '천천히 걸으면 보이는 것들' 이 세 개의 장이 당시 내 상황과 비슷했다. 당시 나는 많은 상처로 패배의식이 생겨 앞으로 나아가지 못했다. 게다가 조급증 때문에 여러 일을 망치기도 했다. 그것들은 내가 성장하는 데 걸림돌로 작용했다. 그런데 우연히 저자의 강연을 듣게 되었고 저자의 극복 사례를 통해 나 또한 희망을 찾을 수 있었다. 독서를 통해 온전히 나 자신과 마주한 경험을 한 후 한 단계 더 성장할 수 있다.

손정의와 《손자병법》

일본 최대 IT기업 '소프트뱅크'를 이끌고 있는 손정의 회장은 스물네 살에 소프트뱅크를 설립했다. 그리고 설립한 지 불과 2년 만에 매출 45억 엔이라는 놀라운 성과를 거뒀다. 이렇게 승승장구하던 어느 날, 그는 자칫하면 죽음에 이를 수 있는 만성간염에 걸렸다는 진단을 받는다. 그는 의사의 권유에 따라 회사의 모든 일에서 손을 떼고 병원에 입원해야 했다. 그리고 아직 효과를 확신할 수 없는 실험 단계의 치유법에 희망을 걸고 오랜 시간 치료를 받아야 했다.

병이 완치될 수 있을지 알 수 없는 절망적인 상황에 직면하면 대부분의 사람은 자신의 처지를 한탄하며 시간을 보내거나 인생을 포기할 것이다. 그러나 그는 포기하지 않았다. 오히려 조용히 공부할 수 있는 시간이 생겼다고 여기고 책을 읽기로 결심한다. 그는 병원 침대에서 철학, 경영, 문학 등 분야를 가리지 않고 닥치는 대로 책을 읽었다.

그때 그에게 가장 큰 영향을 준 책은 《손자병법》이었다. 그는 전쟁의 전략을 담은 《손자병법》을 읽으며 어떻게 경영에 활용할 것인지를 고민했다. 기업을 경영하는 사람들은 현재의 상황을 총소리가 나지 않을 뿐 전쟁터나 다름없다고 인식한다. 전쟁터에서 승자는 끝까지 살아남는 자다. 마찬가지로 무한경쟁 시대의 승자도 끝까지 살아남는 자다. 이런 점에서 《손자병법》은 오늘날에도 유용한 가치를 지니는 책이다.

손정의는 병을 이겨내고 일선에 복귀했을 때 《손자병법》을 경영에 접목해서 '제곱병법'이라는 경영 전략을 만들어냈다. 모든 시련을 이겨내고 일본을 대표하는 기업가가 된 그는 훗날 "병상에서 읽었던 책들이 경영 철학과 가치관을 형성하는 데 큰 역할을 했다"고 밝혔다.

만약 그가 병과 싸워야 했던 5년이라는 시간 동안 책을 읽지 않았다면 어떻게 되었을까? 아마 병상에서 일어나지 못해서 지금의 '손정의'가 될 수 없었을 것이다. 설령 병이 나았다고 하더라도 지금만큼의 성공은 거두지 못했을 것이다.

책을 읽고 인생 내공을 쌓아라

인생에서 위기는 예고하지 않고 찾아온다. 예고라도 하고 찾아오면 대처할 시간이 있지만 예고 없이 찾아오면 제대로 대처할 수 없다. 이런 위기 상황에서 흔들리지 않고 앞으로 나아가기 위해서는 깊은 내공이 필요하다. 하지만 내공을 쌓는 것은 하루아침에 되는 것이 아니다. 반복된 일상을 살다 보면 어느 순간 나태해지고, 이전보다 나아지기는 커녕 하향평준화되기 쉽다. 그래서 갑작스럽게 위기가 닥쳤을 때 이를 헤쳐 나가는 데 어려움을 겪는다.

그러나 이런 상황을 잘 헤쳐 나가는 사람들은 유비무환(有備無患)의 자세가 갖추어져 있다. 그러나 유비무환의 자세는 하루아침에 갖출 수 없다. 지속적으로 내공을 쌓아야 가능하다.

독서는 깊은 내공을 쌓는 데 필요한 재료를 더한다. 책을 읽을 때 '이 책을 통해 무엇을 얻을 수 있을지'를 먼저 생각하고 읽는 경우도 있지만, 읽을 당시에는 이것을 모른 채 읽는 경우가 더 많다.

데일 카네기의 《인간관계론》을 읽었을 때 나는 '이 책을 통해 무엇을 얻을지'에 대해서는 전혀 생각하지 않았다. 그냥 끌려서 읽었다. 하지만 책을 읽고 난 후, '사람을 얻기 위해서는 어떻게 해야 되는지'를 알게 되었다. 또한 '인간관계에서 내가 부족한 점이 무엇인지', '부족한 점을 채우기 위해서 무엇을 해야 하는지'도 알게 되었다.

꾸준하게 책을 읽고, 저자의 생각에 끊임없이 귀를 기울이는 동안 책에 담긴 지혜와 지식이 내면에 쌓인다. 이것이 경험과 섞이면서 나만의 내공이 된다. 나는 어려움이 있거나 힘들 때 주변 사람들에게 조언을 구하기도 하지만, 이것으로 부족할 때는 책에서 지혜를 찾는다.

실제로 나는 《괜찮아, 내 인생의 주인공은 나니까》를 쓴 백수연 저자가 책에서 "인생의 주인공은 그 누구도 아닌 자기 자신"이라고 했을 때 두 눈이 번쩍 뜨이는 경험을 했다. 그동안 내 인생에 대해 깊이 생각해본 적이 없었는데 이 책을 읽고 달라졌다. 이것이 독서의 효과가 아닐까.

'독서가 과연 효과가 있을까?' 하고 의구심이 들 수 있는데 꾸준히 해보면 분명 효과를 실감할 것이다. 눈에 보이지 않는 내공을 쌓는 것이 막연하고, 이를 위해 독서에 투자하는 시간과 노력이 부담스러울 수도 있다. 그러나 어제보다 조금이라도 더 나은 삶을 살고 싶고 갑작스런 위기에 흔들리지 않고 싶다면, 꾸준히 책을 읽고 이를 통해 사색하고 자기만의 생각을 가져야 한다. 그러면 삶의 고비를 넘을 수 있는 지혜를 얻을 수 있다.

생각의 폭을 넓혀 강인한 자아를 형성한다

한 번 사는 인생에서 누구나 자신이 주인공이고 싶어 한다. 하지만 '내 인생을 통해 이루고 싶은 것은 무엇인지 그리고 이를 위해 어떤 과정을 거쳐야 하는지'를 진지하게 고민해보는 사람은 많지 않다. 이것은 시대 상황과 밀접한 관계가 있다.

IMF 사태 이후 불투명한 미래에 불안감을 느끼며 자라난 청년들은 이제 장년이 되어서는 또 다른 경제 불황에 맞서고 있다. 청년 세대는 그들대로 저성장 저고용의 시대에 취업난이 가중되면서 자신의 꿈을 위해 노력하는 대신 안정된 직장을 얻기 위한 치열한 경쟁을 벌이고 있다. 이런 상황에서 더 나은 미래를 꿈꾸고 그 실현을 위해서 나를 변화시키는 것은 상상 속에서나 가능한 일일지도 모른다.

나 역시 마찬가지였다. 수능이 끝나자마자 국가 부도 사태를 맞이한 경험이 있어서인지 그 무엇보다 안정된 직장을 원했고 실제로 안정된 직장을 얻었다. 처음에는 안정된 직장이라 불안감 없이 일했지만 시간이 지날수록 그 속에서 안주하는 나를 발견했다. 그리고 미처 몰랐던 사실이 있었다. 아무리 안정된 직장이라도 그 속에서는 경쟁이 치열하고 거기서 밀리면 도태되는 것은 마찬가지라는 사실이었다. 이를 경험했기에 나는 과감히 퇴사를 선택했고, 평소 하고 싶었던 책을 쓰기로 결심했다.

막상 결심은 했지만 무엇을 어떻게 해야 되는지 막막했다. 글 쓰는 재주도 없었고, 어떻게 글을 써야 되는지도 몰랐다. 게다가 문장력도 약했다. 그러던 2016년 가을, 부산에 내려온 강원국 저자의 글쓰기 강연을 듣게 되었다. 이 강연에서 그는 글을 잘 쓰고 문장력을 늘리려면 책을 읽으라고 했다. 그리고 다른 강연에서 만난 민도식 저자도 같은 이야기를 했다. 특히 민도식 저자는 나에게 '치열하게 독서하라'고 조언했다.

'치열하게 독서하라'는 말을 처음 들었을 때 나는 단순히 책을 많이 읽으라는 뜻인 줄로만 알았다. 사실 그 말은 한 권을 읽어도 제대로 읽으라는 의미였다. 저자가 책을 통해 하고 싶은 말이 무엇인지, 저자와 내가 어떤 점에서 생각이 같고, 또 어떤 점에서 다른지를 명확히 판단하는 것이다.

다시 말해 독서의 폭을 넓히라는 의미이기도 하다. 독서의 폭이 좁으면 한 가지 사실을 절대시한다. 절대적인 가치관을 하나 받아들임으로써 다른 것을 부정하는 사고방식에 빠지면 읽는 책의 폭이 한정되게 마련이다.

이것의 대표적인 사례가 조선 중기 이후의 사대부들이다. 그들은 '성리학'에서 말하는 것만 진리로 받아들였고, 다른 학문은 이단으로 취급했다. 이것은 그들이 '성리학' 책만 읽었기 때문이다. 이렇게 되면 자신의 주장과 반대 입장에 있는 의견을 받아들이지 못한다. 또한 다양성을 존중하는 관용적인 태도를 볼 수 없고, 좁은 틀에 갇히게 된다. '정묘호란'과 '병자호란' 이후 조선의 사대부들이 보여준 행태가 전형적인 예다. 그들은 '소중화사상'에 갇혀 시대의 흐름을 제대로 파악하지 못해 근대화의 기회를 놓치고 말았다.

다양성 공존은 생각의 폭을 넓히는 독서로만 가능하다. 자아가 한 덩어리의 단단한 바위라면 부서지기 쉽다. 이렇게 되지 않기 위해서는 다양성 공존으로 서서히 강인한 자아를 만들어야 한다. 이것이 '파워 독서'의 궁극적인 목적이다.

나도 이전에는 하나의 사고에 갇혀 다른 생각을 가진 사람들의 이야기를 듣지 않았고, 그들을 아예 쳐다보지도 않았다. 이런 상황에서 다른 사람과 자주 부딪치는 상황이 발생했다. 그 결과 많은 사람이 나의 곁을 떠났다. 그 이후 상담과 독서를 통해 이를 깨닫고 다시는 편협한 생각에 갇히지 않겠다고 결심했다. 편협한 사고에서 탈피하여 다른 사람을 받아들이는 부드러움이야말로 파워 독서로 가꿔지는 강인한 자아의 모습이다.

나 자신을 제대로 본다

내가 이전과 다른 삶을 살기 위해서는 먼저 나 자신을 제대로 들여다보는 것이 필요하다. 내가 원하는 삶과 현재 삶을 비교하면서 부족한 부분을 찾아야 나를 변화시킬 수 있다. 2015년에 나는 나 자신을 바꾸고자 결심하고, 이를 위해 여러 사람에게 조언을 받은 적이 있다. 이때 한 심리전문가로부터 이전의 삶을 되돌아보라는 말을 들었다. 이 말을 듣고 삶을 돌아보니 나를 위한 삶이 아니라는 것을 알았다.

특히 그가 던진 "내가 정말로 하고 싶은 것은 무엇인가?", "나는 발전하고 있는가?"라는 질문을 들었을 때, 비로소 나 자신이 인생에서 한 차례도 스스로를 자유롭게 내던지지 못했다는 사실을 깨달았다. 이 사실을 깨닫고 나니 부끄러웠다.

이 물음에 대한 답을 쉽게 찾을 수 없어 책을 뒤지기 시작했다. 특히 이무석의 《자존감》을 읽고 내가 주변 사람들의 시선을 너무 의식했음을 알았다. 이를 통해 문제점을 알았고, 이를 극복하기 위한 책도 읽게 되었다. 그 후 나는 내가 원하는 삶을 살려고 노력하고 있다. 책을 출간한 것도 이런 노력의 일종이다.

나는 이전에 단 한 번도 나를 들여다본 적이 없다. 아니, 그럴 생각조차 하지 않았다. 그러다 보니 내 인생에 대해서 진지하게 고민한 적도 없었다. 대학교에 진학할 때도 성적에 맞춰서 학과를 선택했고, 졸업 후 내 의지와 관계없는 곳에 취업했다. 이렇듯 나는 인생의 중요한 시기를 아무 생각 없이 보냈다.

그러던 2011년 치열하게 독서하면서 서서히 변화하기 시작했다. 내 인생에 대해서 진지하게 고민했고, 처음으로 내면을 깊이 바라볼 수 있었다. 이때 가장 중요한 것은 자신을 바라볼 때 자신의 눈이 아니라 다른 사람의 눈을 통해 바라봐야 한다는 것이다. 아무래도 자신의 시선으로는 팔이 안으로 굽을 수밖에 없기 때문이다.

다른 사람의 눈을 통해 자신을 제대로 보려면 그 사람과 대화해야 한다. 대화를 통해 자신의 장점과 단점이 무엇인지 알 수 있다. 다른 사람과의 대화가 반드시 면대면 대화여야 하는 것은 아니다. 책을 통해서도 얼마든지 만날 수 있다.

나는 알프레드 아들러의《아들러의 인간이해》를 통해 “내가 현재 불안을 느끼고 있는 것이 무엇인지 그리고 열등감은 어디서 오는지” 정확하게 바라볼 수 있었다. 아들러는 나에게 “자신을 객관적으로 바라보라. 지금 불안을 느끼는 것이 정말 나와 관련된 것인지 생각해보라” 그리고 “누구나 열등감을 가지고 있다. 그것에 신경 쓰지 말고, 장점을 찾아서 극대화시켜라”라고 했다. 이를 통해 나 자신을 제대로 바라볼 수 있었다.

직접경험의 한계를 독서로 뛰어넘어라

인간이 할 수 있는 경험엔 '직접경험'과 '간접경험' 두 가지가 있다. 그 중 효과적인 것은 직접경험이다. 나는 밤 8시 이후에 커피를 마시면 잠을 제대로 자지 못한다. 그래서 다음 날 일을 할 때 졸음이 몰려와서 곤욕을 치른 적이 여러 번 있다.

하루는 이 일로 인해 데이터베이스에 저장된 데이터를 모두 날릴 뻔하기도 했다. 다행히 회사에서 사용했던 데이터베이스 프로그램이 플래시백(데이터 복원) 기능을 갖춘 것이어서 쉽게 복원이 되었지만 정말 아찔했다.

그래서 나는 '졸음운전 위험'이란 표어에 크게 반응한다. 직접경험만큼 좋은 것은 없다. 하지만 직접경험을 하려면 시간적·공간적 조건이 맞아야 한다. 그리고 간접경험은 직접경험과는 달리 매개체가 있어야 한다. 그중 가장 좋은 매개체가 바로 책이다.

독서는 직접경험의 보완재

독서는 자신이 직접경험하지 못한 것을 경험하게 해준다. 예를 들어 우리는 류성룡의 《징비록》을 통해서 '임진왜란'을 경험할 수 있다. 현실에서는 400여 년 전의 상황을 직접경험하는 것이 불가능하지만 《징비록》을 통해서는 얼마든지 경험할 수 있다.

《징비록》은 영의정까지 오른 류성룡이 전쟁을 직접 겪은 것을 기록한 책이다. 특히 고위층이 전쟁에 어떻게 대비하고 대처했는지를 살펴볼 수 있는 몇 안 되는 책이다. 전쟁의 참상과 당시의 급박했던 상황, 고위 관료였던 류성룡의 눈을 통해 비친 당시 조정의 무능과 부패상도 한눈에 꿰뚫어볼 수 있다.

간접경험은 책뿐만 아니라 드라마나 영화를 통해서도 할 수 있다. 드라마 〈불멸의 이순신〉이나 영화 〈명량〉을 통해서도 임진왜란 당시 상황을 경험할 수 있다. 하지만 제작자들과 배우들 중 '임진왜란'을 직접 겪어본 사람들은 아무도 없다. 그렇기 때문에 그 시대의 상황을 백 퍼센트 생생하게 전달하기란 불가능하다. 그래서 영화나 드라마보다는 《난중일기》에 쓰인 절절한 묘사나 이순신 장군이 선조에게 올린 장계에서 전해지는 장렬한 충성과 맹서의 절개가 훨씬 더 강렬한 울림을 준다. 이것은 이순신이 직접 '임진왜란'을 겪고 이를 생생한 기록으로 남겼기 때문이다.

독서의 핵심은 '간접경험의 직접경험화'다

독서를 제대로 하기 위해서는 간접경험으로 끝나서는 안 된다. 간접경험을 직접경험화해야 한다. 다시 말해 독서를 통해 깨닫고 느낀 것을 현실에 적용하는 것이다.

우리는 《징비록》을 읽고 전쟁의 징후가 있었음에도 대비하지 못해서 전쟁이 발발하게 된 상황을 간접적으로 경험할 수 있다. 항상 위험한 상황에 대비할 수 있는 자세를 가져야 한다고 독서를 통해 깨닫는 것이다. 여기까지는 간접경험을 하는 것이다. 더 나아가 다시는 불행한 상황이 되풀이되지 않도록 현실에 적용하면 책을 통해 깨닫고 느낀 간접경험이 직접경험으로 바뀌게 된다.

간접경험을 직접경험화하는 또 다른 방법은 그 책의 저자와 대화를 나누는 것이다. 2014년 나는 《적게 벌어도 잘사는 노후 50년》을 쓴 황희철 저자와 만나서 이야기를 나눈 적이 있다. 그리고 나의 독서법이 잘못된 것임을 깨닫고 독서법을 바꾸게 되었다. 저자를 직접 만나는 기회가 많지는 않다. 그렇다고 실망할 필요는 없다. 책을 통해서 저자와 대화할 수 있다. 책을 읽고 저자의 메시지에서 답을 찾았다면 저자와 성공적으로 대화한 것이다.

독서를 통해서 자신을 바꾸고 싶은가? 그러면 독서를 통한 간접경험을 직접경험으로 바꿔보자. 변화는 직접 느꼈을 때만 가능하다.

저자의 메시지에 온전히 관심을 기울여라

대화할 때 상대의 이야기에 귀 기울이는 이유는 상대가 무엇을 말하는지 정확하게 파악하기 위해서다. 경청이 제대로 이루어지지 않으면 상대가 의도하는 바를 정확히 파악할 수 없어서 원활한 소통을 할 수 없다. 독서도 마찬가지다. 책을 통해 원하는 것을 얻고 싶다면 책에서 말하는 것이 무엇인지 정확하게 알아야 한다.

제일 먼저 책의 제목을 살펴보라. 제목에는 저자의 핵심 메시지가 담겨 있다. 피터 홀린스의 《자제력 수업》은 제목만 봐도 '자제력을 성공적으로 익히는 것이 핵심 포인트'임을 알 수 있다. 이 때문에 궁극적으로 저자는 '자제력을 향상시키는 법'에 관한 이야기를 하고 있다.

유혹이 자신을 괴롭혀도 그것을 극복할 수 있는 방법을 소개하고 목표한 것을 자기 것으로 만들 수 있는 방법도 다루고 있다. 즉 유혹도 자제를 할 줄 알아야 물리칠 수 있다는 것이다. 바로 이것이 저자가 책을 통해 말하고자 하는 핵심 메시지다.

책의 내용과 자신의 생각을 비교해보라

조윤제의 《다산의 마지막 공부》의 부제는 '마음을 지켜내는 것'이다. 이 책에서 《심경》이라는 책에 대해 다루는데, 여기서 《심경》은 사람들이 일반적으로 가장 많이 떠올리는 불교 경전인 《반야심경》이 아니라 송나라의 진덕수가 저술한 책이다. 마음가짐을 어떻게 해야 되는지에 대한 책으로서 마음을 수양하는 방법에 대한 내용으로 구성되어 있다.

> "타고난 성인은 '태어나면서부터 알고 있으므로(生而知之)' 이미 존재로서 경지에 이를 수 있다. 바로 공자와 안회와 같은 인물이다. 하지만 '배워서 아는 경지(學而知之)'의 사람들은 끊임없이 공부하고 수양해야 한다. 증자와 같은 인물이다. 증자는 '하루에 세 번 반성(一日三省)'을 통해 스스로 수양해서 경지에 이를 수 있었고, 공자의 학문을 이어가는 계승자가 될 수 있었다. 평범한 사람들이 따라야 할 마음공부의 방법이다.
>
> 끊임없이 생겨나는 욕망과 욕심으로 우리는 수시로 마음을 놓아버린다. 누구나 선량하게 살고자 하지만 그 선량함의 기준 역시 필요에 따라 수시로 바꾸는 것이 우리의 모습이다. 우리는 성인

이 아니며, 살아가는 한 아예 길을 잃지 않거나 정도에서 벗어나지 않을 수 없다. 단지 끊임없이 자기를 돌아봄으로써 더 멀리 가지 않고 돌아올 수 있을 뿐이다.

아무리 선량하고 고결한 사람이라고 할지라도 잘못을 알면서도 스스로 용인하는 경우가 있다. 먼저 남들이 보지 않았을 때다. 내 양심에는 어긋나지만 다른 사람에게 피해를 주지 않는다고 생각할 때도 스스로 용인하기 쉽다. 마음속으로 잘못된 생각을 했지만 겉으로 드러나지 않을 때에도 마찬가지다.

하지만 수양을 하는 옛 사람들은 이런 것들에 대해 더욱 민감하게 삼가려고 했다. 비록 남들 앞에 드러나지 않아도 스스로 돌아볼 때 거리낌이 있다면 고치는 것을 주저하지 않았다. 그럴 때 두 번 다시 같은 잘못을 저지르지 않을 수 있기 때문이다."

– 조윤제, 《다산의 마지막 공부》

그중 나는 '반성할 줄 안다면 늦지 않게 제자리를 찾을 수 있다'라는 장이 마음에 와닿았다. 그동안 나는 잘못을 하고서도 돌아볼 줄 몰랐다. 그것을 그저 남 탓, 환경 탓으로만 돌렸다. 그러다 보니 같은 실수를 반복하게 되었다.

2014년 초, 전년도 연말 정산을 하면서 이전에 했던 환급금 계산 공식을 잘못 프로그래밍하는 실수를 저질렀다. 전해에 이어 똑같은 실수를 또 저지른 것이다. 이로 인해 상사에게 심한 질책을 받았다. 당시에는 '상사가 재촉만 하지 않았다면 제대로 할 수 있었을 텐데'라고 생각했다. 그런데 시간이 흘러 돌아보니 그것은 순전히 나의 잘못이었다. 처음 실수를 저질렀을 때 '왜 내가 이런 실수를 했는지'에 대한 원인을 제대로 파악하지 못했기 때문이다. 만약 원인을 제대로 파악했다면 같은 실수를 되풀이하지 않도록 더 신경 썼을 것이다.

그래서일까? 이 책을 처음 펼쳤을 때부터 저자가 나에게 어떤 마음을 가져야 하는지 바로 앞에 앉아서 이야기하고 있다는 느낌이 들었다. 그래서 그의 이야기에 집중할 수 있었고, 책 속으로 빨려들어가 책과 하나가 되었다. 책을 읽는 내내 2014년 초의 상황이 뇌리에 떠올랐고 왜 진작 깨닫지 못하고 푸념만 했는지 스스로를 질책했다. 현재는 당시처럼 같은 실수를 반복하는 횟수가 눈에 띄게 줄었고, 더 줄이기 위해 노력하고 있다. 이처럼 자신의 현재 상황과 연관시켜보면 좀 더 수월하게 책에 집중할 수 있다.

책 속의 내용을 실행해보라

2015년 나는 사이토 다카시의 《혼자 있는 시간의 힘》을 읽고 그해 8월의 마지막 날 여름의 정동진 바닷가에 홀로 앉아 밤하늘의 별을 바라보며 생각을 정리했다.

당시 나는 '앞으로 어떤 삶을 살아야 후회하지 않을지'에 대해서 깊이 고민했다. 지인들에게 이런 고민을 털어놨을 때 "지금 일하는 곳이 정년이 보장된 직장인데 그냥 눈 감고 정년까지 다녀라", "회사 그만두면 뭐 하고 살래?"라는 말을 들었다. 나를 위해 진심 어린 조언을 건넨 것이지만 실질적으로 나의 고민을 해결해주지는 못했다.

이런 상황이 닥칠 때마다 해결책을 찾으러 서점에 가곤 했는데 이날도 예외가 아니었다. 교보문고에 들어서자마자 눈에 띈 것이 이 책의 제목이었다. 이 책을 읽고 내면의 소리를 듣기 위해 혼자만의 시간을 가지기로 결심했다. 그래서 조용한 곳으로 떠났던 것이다.

정동진 바닷가에서 들리는 파도 소리에 집중하다 보니 '내 인생의 주인은 나 자신이다'라는 소리가 수평선을 넘어서 메아리쳐왔다. 이 소리를 듣고 '내 인생의 주인'으로 살기로 결심했고 몇 달 뒤 과감하게 퇴사하여 지금은 하고 싶은 일을 하며 살고 있다.

진정한 나를 찾기 위한 과정에서 책은 '나침반'과 같은 역할을 한다. 하지만 나침반을 가지고 아무것도 하지 않는다면 무용지물일 뿐이다. 나침반은 목표 지점을 찾고, 그곳을 찾아갈 때 유용하게 쓰인다. 즉 실행할 때 나침반은 그 가치가 있다. 책을 통해 원하는 것을 얻고 싶다면 책의 내용을 실행해야 한다. 이것이 바로 파워 독서의 완성으로 가는 길이다.

실패의 리스크를 줄여주는 독서

엄홍길은 히말라야 8000미터급 고봉 16개를 오른 산악인이다. 순탄하게 등반을 한 것처럼 보이지만, 사실 16개 봉우리를 오르는 과정에서 수많은 실패를 경험했다. 특히 안나푸르나에서 산악인 인생 최대의 위기를 겪었다.

> 아시아인 최초이자 인류 역사상 8번째로 히말라야 8,000미터급 봉우리 16좌 등정 기록을 세운 의지의 산악인인 그는 "4전 5기 끝에 안나푸르나 등정에 성공했지만 아끼는 동료를 3명이나 잃었고 나 또한 추락으로 죽을 뻔한 위기를 넘겼다. 4번째 등정 도중 추락하는 동료를 구하려다 함께 사고를 당했는데 정신을 차

> 려보니 발목이 180도 돌아가 있었고 나무판자로 가까스로 발을 고정한 후 하산했다"라고 당시를 회상했다.
>
> (중략)
>
> 이어 엄홍길은 "병원에서는 등정은 물론 걷는 데도 어려움이 있을 거라 했지만 끊임없는 재활훈련 끝에 10개월 만에 다시 안나푸르나를 찾았고 등정에 성공했다"라며 감격에 겨운 듯 말했다.
>
> – 〈마이데일리〉 (2012. 1. 24.)

엄홍길은 다섯 번 도전 끝에 안나푸르나 정상에 섰다. 그의 성공 이면에는 네 번의 실패로 얻은 교훈이 있었다. 특히 네 번째 도전에서 일상생활을 하는 데 힘들 정로로 다리에 큰 부상을 당했다. 그러나 그는 이 시련을 이겨내고 끝내 성공했다. 그에게 네 번의 실패는 실패가 아니었다. 성공으로 가는 발판이었다. 네 번의 실패를 통해 그는 부족한 것이 무엇인지, 어떤 준비를 해야 되는지를 깨달았다. 그리고 실패의 원인을 하나하나 줄여갔고, 그 결과 안나푸르나 정상에 우뚝 서게 되었다.

인생도 이와 같다. 성공하기 위한 과정에서 수많은 실패를 동반한다. 이때 포기하면 그때 한 시도는 완전한 실패로 끝나게 된다. 그리고 실패에 익숙해지면 다른 것에 도전해도 또다시 실패할 확률이 높다. 반면에 실패를 발판 삼아 성공하면 다른 일도 성공할 확률이 높다. 시련을 딛고 성공한 사람들은 실패를 통해 많은 것을 배운 이들이다. 어떻게 하면 실패를 줄일지, 똑같은 실수를 반복하지 않을지를 고민한 후 새로운 변화를 시도하여 성공에 이른 사람들이다. 이들의 성공은 실패를 토대로 맺어진 열매다.

비슷한 사례를 분석하라

그렇다 하더라도 인간은 성공으로 가는 과정에서 실패를 최소화하고 싶어 한다. 그렇다면 실패의 리스크를 줄이는 방법은 어떤 것이 있을까?

태조부터 철종까지의 일을 기록한 《조선왕조실록》은 방대한 양뿐 아니라 사료로서의 가치를 인정받아 유네스코가 지정한 세계문화유산에 등재되었다. 이 실록은 오늘날 전해지기까지 여러 차례 위기를 맞았다.

고려시대 때에도 왕조실록은 있었다. 고려의 태조 왕건부터 34대 공양왕까지 474년간의 역사적 사실을 기술한 《고려왕조실록》이 그것이다. 그러나 이것은 오늘날 전하지 않는다. 몽골의 침입 때 개성에 있던 내사고본이 불에 타서 잿더미로 변했다. 불행 중 다행으로 해인사에 보관된 외사고본이 조선에 전해졌지만 이마저도 임진왜란 때 불탔다(고려시대에는 도성에 있는 사고를 '내사고', 도성 밖에 있는 사고를 '외사고' 라고 불렀다). 이를 잘 알고 있는 조선은 만약의 사태에 대비하기 위해 네 부를 인쇄해서 전국의 사고에 보관했다. 이것은 임진왜란 때 가치가 드러났다.

임진왜란 당시 《조선왕조실록(태조~명종)》은 전주사고에 있는 실록을 제외한 나머지 사고에 보관된 것은 전부 불탔다. 가까스로 지킨 전주사고본을 바탕으로 전쟁이 끝난 후 태조부터 명종까지의 실록을 재출간할 수 있었다. 그리고 임진왜란 이전까지는 실록을 전주 등 고을 관청에서 가까운 곳에 보관했는데 전쟁 같은 상황에서 보존에 위협이 된다는 것을 알고 오대산, 태백산 같은 깊은 산속으로 옮겼다. 사람이 많은 곳보다 인적이 드문 곳에 보존하는 것이 안전했기 때문이다. 오늘날 실록을 오대산본, 태백산본 등으로 구분하는 것은 이런 이유다.

이처럼 《조선왕조실록》이 오늘날까지 전해진 데는 이전 사례에서 비슷한 위기를 겪은 것을 찾고, 그 원인을 파악한 것이 시작이었다. 이것을 바탕으로 똑같은 상황을 반복하지 않는 방법을 생각해낸 것이다.

실패의 리스크를 줄이려면 앞서 비슷한 사례를 살펴보고 이것을 반복하지 않아야 한다. 나는 주변 사람들과의 관계로 힘들 때 비슷한 사례가 담긴 책을 찾아 읽었다. 대표적인 책이 피터 드러커의 《자기경영노트》다.

드러커는 이 책에서 "상대를 내 편으로 만들기 위해서는 상대가 원하는 것이 무엇인지를 파악하는 것이 먼저다"라고 말한다. 이 구절을 읽고 나는 내가 부족한 것이 무엇인지 알게 되었다. 그동안 상대에게 내가 원하는 것만 말했지, 상대가 원하는 것을 알려고 하지 않았기 때문에 상대를 내 편으로 만들 수 없었음을 깨달았다. 이를 알고 나니 이전보다 깊은 인간관계를 맺을 수 있었다.

독서는 위기 극복의 열쇠다

실패하는 사람들은 위기가 닥쳤을 때 이를 극복하지 못하고 끝내 주저앉았다. 어려움을 극복하고 성공하는 단계에 오르려면 현재 닥친 위기를 치고 올라갈 수 있는 능력이 필요하다. 그러나 위기에서 치고 올라가는 능력을 쌓는 것은 쉬운 일이 아니다. 위기에 대한 면역력, 즉 극복 능력이 있어야 한다. 그래서 철저한 준비가 필요하고 위기에 대한 대처 능력도 수반되어야 한다. 그렇지 않으면 나락으로 떨어질 수밖에 없다.

위기에 대한 면역력을 기르기 위해서는 질병을 예방하기 위해 몸을 튼튼히 하는 것처럼 내공을 튼튼히 하여 위기 극복의 지혜를 배워야 한다. 꾸준히 책을 읽고 다른 사람의 이야기에 귀를 기울이는 동안 내면의 면역력을 강화할 수 있는 영양소가 쌓인다. 이것이 직접 경험한 것과 결합하면 자기만의 면역 체계가 완성된다.

우리가 흔히 볼 수 있는 감나무는 매년 가을 열매를 맺는 것처럼 보이지만 6년이 될 때까지는 열매를 맺지 않는다. 그렇다고 해서 이 시기 동안 감나무에 아무런 변화가 없는 것은 아니다. 6년간 감나무는 열매를 맺기 위해 차곡차곡 준비를 한다. 그래서 농부들은 눈에 보이는 변화가 없을지라도 꾸준히 감나무를 정성스레 가꾸는 것이다.

인생의 변화도 이와 같다. 이전보다 단 1퍼센트라도 나은 모습으로 살기를 원한다면, 또한 갑작스러운 위기에 흔들리지 않기를 원한다면 매일 조금씩이라도 꾸준하게 책을 읽어라. 독서를 이미 시작했다면 눈에 보이지 않을 뿐 이미 변화는 시작된 것이다.

마음을 단단하게 하는 독서

한 회사를 오래 다니거나 한 가지 일을 오랫동안 하면 그것에 '내공이 쌓인다'고 한다. '내공'은 '훈련과 경험을 통해 안으로 쌓인 실력과 그 기운'이라는 뜻을 가지고 있다. 그래서 내공이 쌓이면 주변의 상황에 쉽게 흔들리지 않는다.

나를 변화시키고 인생의 판을 바꾸는 파워 독서를 한다고 하면 주변에서는 반신반의한다. 사실 독서는 알레르기 비염 치료제를 먹으면 바로 콧물이 멈추는 것처럼 효과가 즉시 나타나지는 않는다. 하지만 자신도 인식하지 못하는 사이에 책을 읽으면서 축적된 내공이 쌓이고 쌓여서 임계점에 도달하는 순간이 반드시 나타난다.

독서를 하겠다고 결심하고 본격적으로 책을 읽어도 초기에는 아무런 효과를 볼 수 없었다. 책에서는 저자들이 "독서를 하면 생각하는 것이 달라진다", "뇌가 열린다" 등의 이야기를 했지만 정작 단 0.1퍼센트도 변화를 느낄 수 없었다. 독서를 포기하고 싶은 생각이 굴뚝같았다. 실제로 두 달가량 손에서 책을 놓았던 적도 있었다.

그래도 가슴 한편에서는 책을 읽고 싶다는 욕망이 들었다. 이때 혼자 읽으면 안 될 것 같아서 독서 모임을 만들기로 결심하고 인원을 모아서 만든 것이 지금의 'Reading부산'이다. 독서 모임을 만들고 독서 토론을 하면서 책 읽은 효과가 서서히 나타난 것을 느꼈다. 다른 사람과 다른 시선으로 바라보고, 책을 통해 배우고 통찰한 것을 실제 생활에 적용해보니 이전에는 할 수 없는 것들을 할 수 있었고 점차 내공이 쌓여가고 있음을 느꼈다.

마음의 힘은 독서로부터 나온다

독서를 통해 내공이 쌓인다는 것은 '마음의 힘이 강해졌다'는 뜻이다. 즉 심력(心力)이 생겼다는 것이다. 심력은 빨리 단단해지지 않는다. 황토는 서서히 굳을 때 강도가 단단해진다. 심력 역시 서서히 단단해져야 쉽게 무너지지 않는다. 마라톤을 처음 시작한 사람들은 5킬로미터 코스부터 시작한다. 짧은 코스부터 뛰어야 긴 코스를 뛸 수 있는 힘과 끈기를 쌓을 수 있기 때문이다. 그렇지 않고 처음부터 42.195킬로미터 풀코스를 뛰면 얼마 안 가서 포기하기 쉽다. 이렇게 되면 평생 풀코스를 완주할 수 없다. 하지만 서서히 뛰는 거리를 늘리면 그동안 풀코스를 뛸 수 있는 체력과 노하우가 쌓이게 된다.

육체의 내공은 운동을 통해 강해지고, 마음의 힘은 독서를 통해 강해진다. 심력을 강화하려면 꾸준히 읽어야 하고 쉬운 책부터 어려운 책으로 단계를 서서히 높여야 한다. 처음부터 어려운 책을 읽는다면 십중팔구 중간에 포기할 수밖에 없다.

나도 본격적으로 독서를 시작한 초기에 플라톤의 《국가》를 집어 들었다가 중도에 포기한 적이 있다. 당시 실패의 원인은 아직 어려운 책을 읽을 준비도 되어 있지 않은 상태에서 무모하게 도전한 데 있었다. 2년 후 다시 읽었을 때에는 완독했다. 그동안 책을 읽는 내공이 쌓인 후여서 읽는 데 어려움이 없었던 것이다.

꾸준히 읽어야 강해진다

피트니스 센터에서 단단한 근육을 가진 사람들을 보면 다들 부러움을 느낀다. 그래서 많은 사람이 이에 자극받아 근육을 만들려고 결심한다. 하지만 단단한 근육을 만드는 데 성공한 사람은 많지 않다. 그 이유는 멋진 근육은 하루 이틀 운동을 해서 만들어지는 것이 아니기 때문이다. 적어도 몇 년간 지속적으로 운동을 해야 만들어진다. 게다가 단기간에 근육을 만들려고 운동 강도를 높였다가 근육이 파열되는 등의 부작용이 발생해 오히려 몸이 망가지는 경우도 있다.

'마음의 힘'을 키우는 과정도 마찬가지다. 단기간에 키우겠다고 많은 책을 읽으면 오히려 역효과가 발생한다. 뇌도 한꺼번에 많은 지식이 들어오면 정보를 처리하기 힘들다. 이런 일이 반복되면 뇌가 빨리 지쳐서 정작 자신이 원하는 지식을 쌓을 수가 없다. 이런 상황은 오히려 독서를 안 하는 것만 못하다. 그래서 책을 읽을 때는 한 번에 많이 읽는 것이 아니라 꾸준히 읽어야 한다.

정해진 운동량을 정해진 시간에 꾸준히 하는 것이 근육을 만드는 데 효과적이듯이, 독서를 통한 지식도 꾸준히 정한 시간 만큼 하는 것이 효과적이다. 운동할 때 근육을 풀어줄 시간이 있어야 운동의 효과가 쌓이고 최상의 컨디션에서 운동을 할 수 있듯이, 독서도 뇌를 풀어줄 시간이 마찬가지로 필요하다.

나는 하루에 많은 시간을 책 읽는 데 쓰지 않는다. 많이 읽는다고 책 읽는 효과가 나타나지 않음을 알기 때문이다. 긴 시간 책을 읽고 독서 노트에 책 내용을 기록하고 옮겨 적어도 독서 효과가 크게 나타나지 않았다. 뇌에서 '휴식하라'는 신호를 보내는 것을 무시했기 때문이다. 독서 효과가 떨어질 때는 과감히 휴식을 취하자. 충분한 휴식을 취하고 난 다음에 다시 독서를 하면 머릿속에 내용이 훨씬 더 잘 들어오는 것을 느낄 것이다.

심력이 강해지려면 단단해질 시간이 필요하다. 서울의 풍납토성이나 몽촌토성이 천년이 넘어도 무너지지 않는 것은 흙을 한 층씩 쌓는 판축 기법을 사용했기 때문이다. 얇게 쌓은 10층이 두꺼운 한 층보다 강도와 경도가 더 강하다. 꾸준한 독서가 탄탄한 파워 독서의 토대가 됨을 잊지 말자.

3장

인생의 판을
바꾸는
독서의 힘

세상에는 다양한 독서법이 있다

책을 읽는 방법은 여러 가지다. 독서 토론 모임을 운영하면서 내가 느낀 것이 하나 있는데, 그것은 참석한 사람들의 성격이 다양한 것만큼 독서 방법도 다양하다는 점이다. 대부분의 사람들이 정독, 속독, 발췌독, 다독 정도를 알고 있고, 이 방법들을 자신만의 방법으로 변형시켜 사용하고 있다.

나도 초창기에는 이 틀에서 벗어나지 않았다. 정독이나 속독을 주로 했고, 가끔씩 발췌독과 다독을 했다. 10년 가까이 책을 읽다 보니 여러 가지 독서 방법이 존재한다는 것을 알았고, 그중 몇 가지는 실제로 해봤고 효과를 보았다. 그중 몇 가지 독서법을 소개하고자 한다.

비빔밥 독서법

우리나라의 대표 음식인 비빔밥은 갖가지 나물과 계란, 고명 그리고 밥을 한 그릇에 담아 고추장에 비벼먹는 음식이다. 비빔밥의 특징은 어떤 음식이 들어가더라도 고추장을 만나면 조화가 잘된다는 것이다. 그럼 의미에서 비빔밥이야말로 통섭과 융합의 음식이 아닐까? 이를 토대로 고안한 것이 바로 '비빔밥 독서법'이다.

'비빔밥 독서법'이란 여러 장르의 책을 한 그릇에 담에 융합시키는 것이다. 독서가들 중에는 한 번에 여러 권의 책을 펼쳐놓고 읽는 사람이 있다. 이때 이들 책에서 공통된 점을 찾아 하나로 연결시키는 독서법이 '비빔밥 독서법'이다.

예를 들어 한비자와 아리스토텔레스의 책에서 공통하는 경제 관련 내용을 '경제학'과 연결시키는 식이다. 여러 저자의 책에서 한 가지 주제를 골라 뽑아 이를 엮어서 자신만의 생각으로 정리하는 것이 '비빔밥 독서법'의 핵심이다.

이때 다양한 장르의 책을 골고루 읽고 융합해야 효과가 있다. 일단 다섯 장르를 선택하고 장르별로 10권씩 추린다. 이때 기준은 '이사할 때 꼭 챙겨야 할 책', '이사 가서 책장을 정리할 때 가장 눈에 띄는 곳에 꽂아둘 책', '다시 읽고 싶은 책', '주변 지인에게 추천해주고 싶은 책' 등 구체적으로 세우자.

독서 효과를 극대화하려면 여러 장르의 책을 큰 그릇에 담아 비벼야 한다. 이 방법은 분야의 한계를 뛰어넘는 것이다. 분야의 경계가 무너지고 없어지면 주제를 초월해서 자유자재로 접목시킬 수 있다.

융합적 독서의 단계가 되면 읽었던 책을 다시 한 번 읽어보자. 이전에 읽었던 책을 융합과 통합의 세계관을 가지고 읽으면 자신이 성장했음을 느낄 수가 있다.

돋보기 독서법

초등학교 시절, 누구나 한 번쯤은 돋보기로 종이를 태운 적이 있을 것이다. 종이에 불이 붙으려면 돋보기로 충분한 양의 햇빛을 모아야 한다. 가장 먼저 전화기 발명 특허를 낸 과학자 알렉산더 그레이엄 벨은 "당신이 하는 일에 온 정신을 집중하라. 햇빛은 한 초점에 모일 때만 불꽃을 내는 법이다"라고 말하기도 했다. 책을 읽을 때도 그의 말처럼 몰입 상태에 빠져들어야 한다.

'돋보기 독서법'은 책의 저자를 깊이 알기 위한 방법으로 적당하다. 나는 2003년 애거서 크리스티를 자세하게 알기 위해 국내에 출간된 그녀의 책을 모두 읽었다. 아서 코난 도일 외에 다른 영국의 추리소설 작가를 알고 싶었고, 그러던 중 여성 추리작가 애거서 크리스티를 알게 되었다. 호기심에 접한 《ABC 살인사건》과 《오리엔트 특급살인》 등을 시작으로 코난 도일과는 다른 그녀만의 사건 전개와 해결 방식에 점차 빠져들었다. 이후 크리스티를 더 알고 싶어 다른 책들도 찾아 전부 읽었다.

흔적 독서법

책을 읽었음을 직접적으로 보여주는 것은 책에 남은 흔적이다. 중요한 내용에 밑줄을 긋는다든지 아니면 중요한 페이지를 접어놓거나 포스트잇으로 표시를 해놓는 것이 대표적이다.

흔적은 다음에 다시 읽을 때 도움이 된다. 책의 내용이 기억나지 않을 때 쉽게 찾아볼 수도 있다. 나는 해당 페이지에 포스트잇으로 표시해두거나 독서 노트에 옮겨 적는다.

나는 책을 읽은 감동을 계속 간직하고 싶었지만 얼마 안 가 책의 내용과 감동이 사라지는 경험을 했다. 이것을 방지하고자 많은 고민을 했고, 그 결과 흔적을 남기는 방법을 택했다. 흔적을 남기는 일은 처음 읽을 때에 국한하지 않고 읽을 때마다 반복했다. 이렇게 하면 손쉽게 여러 번 읽을 수 있다.

진정한 독서는 한 권의 책을 다 읽고 나서부터 본격적으로 시작된다. 프랑스의 소설가 장 그르니에는 "저자의 지혜가 끝나는 곳에서 우리의 깨달음이 시작된다. 그것이 바로 독서다"라고 말했다. 책을 읽고 사색의 과정을 거쳐야 깨달음이 완성된다. 만약 책을 다 읽고 무엇을 읽었는지 모를 때 흔적을 펼치면 된다. 흔적을 살펴보면 마법처럼 내용이 기억난다. 흔적의 씨앗이 가슴에 뿌리를 내린 것이다. 흔적을 몇 번이고 반복해서 읽는다면 아름다운 꽃이 되어 나타날 것이다.

정독할 만한 책인지 먼저 훑어보라

사람들이 책을 읽을 때 오해하는 것 중 하나가 '처음부터 무조건 정독해야 한다'는 고정관념이다. 물론 책에 따라서는 처음부터 정독을 해야만 하는 책이 있다. 한강의 《채식주의자》나 김훈의 《공터에서》 같은 소설책이 그런 부류다. 소설책은 처음부터 정독하지 않으면 글의 흐름을 파악할 수 없고, 등장인물이 하는 말과 행동을 이해하기 어렵다.

반면에 에세이나 자기계발 서적은 처음부터 정독하지 않아도 된다. 자신에게 필요한 부분만 찾아서 읽으면 되기에 굳이 1페이지부터 차례대로 읽지 않아도 된다. 유홍준의 《나의문화유산 답사기》나 정호승의 《내 인생에 힘이 되어 준 한마디》 같은 책이 대표적이다. 이런 책들은 하나의 주제로 묶여 있긴 하지만 각각의 장은 독립적이다. 그래서 자신이 원하는 주제가 있는 곳을 골라 읽어도 아무런 무리가 없다.

나는 2017년 힘든 일이 생겼을 때 정호승 시인의 책을 읽고 많은 위로를 받았다. 하는 일에 실패를 겪어 의기소침해 있던 내게 후배가 이 책을 권했다. 처음 책을 펼쳤을 때 습관적으로 목차를 봤고, '나에게 도움이 될 만한 주제'를 먼저 읽었다. 그때 읽은 장이 '상처는 스승이다', '사람은 실패를 통해 다시 태어난다', '마지막이라고 느꼈을 때 30분만 더 버텨라', '인생은 언제 어느 순간에도 다시 시작할 수 있다' 등이다. 당시 이 부분을 마음에 있는 응어리를 토해내는 심정으로 큰 소리로 읽고 나니 마음이 안정이 되었고, 해보자는 의욕이 생겼다. 이후 나는 힘이 들고 위로를 받고 싶을 때마다 이 책에서 필요한 부분을 찾아서 읽는다.

인문, 역사, 경제·경영 서적은 일단 한번 훑어보고 나서 정독하는 것이 효과적이다. 이런 책은 처음부터 정독하면 시간이 오래 걸리고 내용을 이해하지 못할 수 있다. 먼저 각 장별로 저자가 말하고자 하는 바를 중심으로 읽고 요점을 파악하면 완독이 수월해진다.

훑어보기는 책을 파악하는 첫걸음

나는 낯선 장소에 가기 전에 스마트폰의 지도 앱을 사용해서 주변을 훑어본다. 이렇게 하는 이유는 약속 시간에 늦지 않기 위해서다. 운전을 해서 갈 경우 주변 주차장을 미리 알아놓으면 주차장을 찾아 헤매는 시간을 절약할 수 있다. 대중교통을 이용해서 갈 경우는 어디서 내리고 어느 방향으로 가는 것이 가장 짧게 가는 길인지, 약속 장소가 지하철역이나 버스 정류장에서 도보로 몇 분 거리에 있는지 등을 파악해 두어야 시간 안에 갈 수 있다.

책을 읽을 때도 마찬가지다. 특히 어려운 책을 읽는 경우는 이런 방법을 사용하면 읽는 데 많은 도움이 된다. 물론 예외인 경우도 있다. 아리스토텔레스의 《수사학》 같은 책은 미리 훑어본다 한들 각 챕터마다 저자가 하려고 하는 말이 무엇인지 파악하기 힘들고, 내용을 이해하기도 힘들다. 하지만 이런 책은 많지 않거니와 거의 대부분의 사람들이 어렵게 느끼기 때문에 '어려운 책이라서 그렇구나'라고 생각하면 된다. 그 외 대부분의 책은 본격적으로 읽기 전에 훑어보는 것이 책의 내용을 이해하는 데 도움이 된다.

파워 독서의 준비 단계

책을 훑어보는 것은 파워 독서를 하기 전 준비 단계라고 할 수 있다. 운동을 시작하기 전에 준비운동을 하는 이유는 근육 스트레칭이 부상을 예방해주기 때문이다. 하지만 준비운동의 더 중요한 궁극적인 목적은 따로 있다. 바로 운동 효과 극대화다. 운동을 할 때 몸의 컨디션이 최상이 되어야 효과를 제대로 볼 수 있다.

능동적인 독서가 훌륭한 두뇌를 만든다. 언어 능력은 창의력의 기반이 되는데, 정보의 입력(input)은 최소화하면서 소리와 말하기와 같은 출력(output)을 최대화하면 창의력을 키울 수 있다. 우리의 상상력을 발휘하기 위해서는 생각할 여유 없이 너무 빨리 읽는 것은 좋지 않다.

– 뇌 생리학자 사카이 쿠니요시 도쿄대학교 교수

뇌도 생각할 수 있는 준비 과정이 필요하다는 것이다. 즉 독서를 통해 지식을 받아들이는 것도 뇌의 상태가 좋을 때 극대화될 수 있다. 그러기 위해서는 뇌도 준비운동을 해야 한다. 본격적인 독서를 하기 전에 훑어보는 것과 그렇지 않은 것은 하늘과 땅 차이이다.

나는 책을 읽기 전에 전체적으로 한 번 훑어보면서 책에 대해 파악한다. 이렇게 하면 책의 내용이 어떤지, 책의 주제가 무엇인지에 대해 감을 잡을 수 있다. 이후 정독을 하면 저자가 하려고 했던 말을 좀 더 명확히 알 수 있다.

저자의 생각과 자신의 생각을 비교해보라

지난 2017년 12월, 2018 러시아 월드컵 축구 본선 조 추첨이 있었다. 조 추첨이 끝나고 대표팀 코칭스태프가 가장 먼저 한 일은 상대에 대한 분석이었다. 월드컵에 나서는 각국 대표팀 중 참가에만 의의를 두는 팀은 단 한 팀도 없다. 저마다 목표를 가지고 있다. 브라질이나 프랑스 같은 팀은 우승을 목표로 하고, 대한민국은 조별 리그 통과를 목표로 잡는다. 그리고 처음 참가하는 팀은 첫 승을 목표로 잡기도 한다. 각각의 목표는 다르지만 그 목표를 이루기 위해서는 반드시 상대를 넘어야 한다. 그러려면 상대에 대한 철저한 분석은 필수다.

지난 2002년 월드컵 16강전 이탈리아와의 경기에서 대한민국 대표팀의 거스 히딩크 감독은 이탈리아 선수, 특히 프란체스코 토티 선수가 다혈질적이고 흥분을 잘한다는 것을 알고 있었다. 그래서 토티를 심리적으로 건드리면 이탈리아가 흔들릴 것이라 예상하고 이에 상응하는 작전을 펼쳤다. 실제 경기에서 한국 선수들은 심리적으로나 육체적으로 토티를 건드렸다. 그 결과 토티는 연장전에서 퇴장을 당했고 이것이 결국 2 대 1 승리라는 결과를 낳았다.

독서도 마찬가지다. 단순히 책을 읽는 것만으로는 자신이 원하는 바를 얻을 수 없다. 독서를 통해 자신을 변화시키고 인생의 판을 바꿀 파워 독서를 완성하기 위해서는 책을 분석하면서 읽어야 한다. 그렇다면 독서를 할 때 분석은 어떻게 해야 될까?

저자의 주장을 바탕으로 분석하라

스포츠, 특히 축구 같은 단체 종목에서 상대를 분석할 때는 현재 뛰는 선수들을 토대로 분석한다. 현재 우리나라 축구대표팀의 에이스는 누가 뭐래도 손흥민이다. 그래서 대한민국 대표팀을 넘기 위해서 상대는 손흥민을 봉쇄하는 방법을 찾는다. 아무리 박지성 선수가 뛰어난 선수라 해도, 이미 은퇴한 선수를 봉쇄하는 방법 같은 것을 찾을 리는 만무하다.

책도 마찬가지다. 같은 저자라도 현재 내가 읽고 있는 책에서 그의 주장을 토대로 분석해야 한다. 동일한 저자일지라도 책마다 주장하는 바가 반드시 일치하지는 않기 때문이다. 저자의 연구 성과에 따라, 세월의 흐름에 따라 책의 내용은 얼마든지 달라질 수 있다.

만약 다산 정약용의 《유배지에서 보낸 편지》를 읽고 있다면, 책에서 저자가 주장한 것을 토대로 분석해야 한다. 이 책에서 다산은 형님에게 보낸 열네 편의 편지를 제외한 나머지를 대부분 아들과 제자들에게 보냈다. 따라서 대부분의 편지가 공부를 하는 자세와 방법에 대한 내용으로 채워져 있다. 그래서 이 책을 읽을 때는 공부하는 방법에 대해서 분석해야 한다.

저자는 이 책에서 "진정한 공부는 나 자신을 위해서 하는 것이 아니다"라고 했다. 공부란 1차적으로 나 자신을 위해서 하는 것이지만, 그러면 자칫 이기적으로 바뀔 수 있다. 그래서 공부는 다른 사람을 위해서 또는 사회의 발전을 위해서 해야 한다고 다산은 주장한다.

《유배지에서 보낸 편지》는 어디까지나 저자가 주장하는 '사회의 발전을 위한 공부'에 초점을 맞추어 이를 토대로 공부의 한계를 극복하는 방법을 분석하면서 읽어야 한다. 그 과정에서 독자는 '나에게 가장 좋은 공부 방법과 자세'를 찾을 수 있다. 또한 저자의 주장을 토대로 자기만의 방법을 찾을 수도 있다.

그렇지 않고 《목민심서》에서 주장하는 것을 토대로 분석해서 읽으면 제대로 된 독서를 할 수 없다. 다산은 《목민심서》에서는 '올바른 지방관의 자세'에 대해서 이야기하고 있기 때문이다. 책을 읽을 때는 자신이 현재 읽고 있는 책만 바라보자. 《유배지에서 보낸 편지》를 읽으면서 지방관의 자세를 생각하거나 《목민심서》를 읽으면서 '공부'의 목적과 자세를 생각하는 것은 효과적인 분석 방법이 아닐뿐더러 올바른 독서의 자세도 될 수 없다.

저자의 주장과 자신의 생각을 비교하면서 분석하라

독서를 하는 사람들이 흔히 빠지는 오류가 한 가지 있다. 저자의 주장이나 생각은 모두가 옳다고 생각하는 것이다. 저명한 저자라고 해서 모두 옳은 것은 아니다.

《프린키피아》에서 저자 아이작 뉴턴이 주장한 "시간과 공간은 끊어져 있다"는 이 책이 출간될 당시부터 한동안 진리로 받아들여졌다. 하지만 독일의 철학자 이마누엘 칸트는 이와 반대되는 의견을 냈다. 칸트는 《순수이성비판》에서 "시간과 공간은 현재와 연결되어 있다"고 주장했다. 이것은 기존의 학설을 뒤집는 것이었다.

당시에는 많은 사람이 믿지 않았다. 그 후 20세기 초 아인슈타인이 이 명제를 증명한 후 이는 사실로 받아들여지게 되었다. 우리가 천체 망원경을 통해 400광년 떨어진 별을 관찰하면 그 별의 현재 모습을 보는 것이 아니라 400년 전의 모습을 보는 것이 증명됐다. 현재 우리는 400년 전의 시간과 공간을 공유하고 있는 셈이다.

이처럼 기존의 주장이 뒤집어지는 일은 얼마든지 발생할 수 있다. 저자의 주장은 무조건 진리라고 받아들여서는 안 된다. 또 저자의 생각과 자신의 생각이 언제나 같을 수도 없다. 따라서 책을 읽을 때는 저자의 생각과 자신의 생각을 비교하면서 분석해야 된다.

삼성전자 연구원 출신 김병완은 《왜 결국 삼성전자인가》에서 글로벌 스마트폰 전쟁에서 삼성전자가 애플을 넘어섰다고 주장했는데, 그 근거로 든 것이 판매량이다. 판매량만 보면 삼성 갤럭시가 애플 아이폰보다 훨씬 많기 때문이다. 물론 판매량을 기준으로 삼는다면 삼성전자는 애플을 넘어선 것이 맞다. 하지만 매출과 이익을 살펴본다면 이야기가 달라진다. 순이익 면에서는 삼성전자가 애플의 절반에도 미치지 못하기 때문이다.

또 애플은 하드웨어부터 소프트웨어까지 모든 것을 자사가 설계한다. 제작이나 조립 정도만 다른 업체에 맡길 뿐 제품 설계는 모두 애플 본사가 한다. 아이폰에 삼성 부품이 들어가도 애플이 설계한 대로 찍어낼 뿐이다. 애플 부품에 삼성 로고를 새길 수 없는 이유가 여기에 있다.

반면에 삼성전자는 애플과 차이가 있다. 하드웨어는 삼성이 설계하고 생산하지만 소프트웨어, 특히 OS(Operating System: 운영체제)는 구글의 안드로이드를 쓴다. 애플이 iOS를 스스로 만드는 것과는 대조적이다. 이 때문에 앱을 만들어도 애플은 등록비나 수수료를 받는 것이 가능해도 삼성전자는 불가능하다. 이 두 사례만 봐도 삼성전자가 애플을 넘어섰다고 보기에는 무리가 있음을 알 수 있다.

김병완 저자의 책을 읽을 당시, 나는 제목만 보고서도 저자의 생각에 동의할 수 없었다. 내 전공이 IT 쪽이고 잡스를 동경했기에 애플에 대해서 더 잘 알았기 때문이다. 이런 사전 지식을 토대로 나는 삼성전자가 애플을 따라가려면 아직 멀었다고 생각한다(물론 삼성전자가 글로벌 판매량 1위를 한 점은 나도 인정한다).

저자의 생각과 자신의 생각을 비교하면서 읽어야 책에 대해서 정확하게 분석할 수 있고 그에 따른 자신의 생각을 정확하게 주장할 수 있다. 이렇게 하려면 분석하면서 책을 읽어 완전히 자신의 것으로 소화시켜야 한다. 이런 과정을 거쳐야 자신을 한 단계 더 성장시킬 수 있다.

노숙인에게 독서의 재미를 알려 인생을 바꿔준 수업

얼 쇼리스(Earl Shorris)는 빈곤 문제에 관심이 많았고, 이 문제를 해결할 수 있는 방법을 여러 각도로 찾았다. 그러던 중 그는 중범죄자 교도소에서 한 여성 재소자를 만난다. 그리고 그 여성 재소자로부터 "부자와 빈자의 차이는 인문학을 배웠느냐, 배우지 못했느냐에 있다"는 이야기를 듣게 된다.

> 11년 전 빈곤에 관한 책을 쓰기 위해 미국의 곳곳을 여행할 때였다. 중범죄를 저지른 여성들을 만나기 위해 한 교도소에 갔다. 문득 나는 한 여성 재소자에게 물었다. "왜 당신은 가난합니까?" 그녀가 곧바로 대답했다. "우리에게는 시내 중심가에서 사는 사

람들의 삶이 없기 때문이죠." 그들은 책을 읽지도 않았고, 발레나 콘서트를 보러 극장을 가지 않았다. 돌아오는 길에 생각했다. 내가 받은 대학 교육이나 도덕적인 삶은 그들에게 없었다. 그들은 반성적 사고를 갈급해하고 있었던 것이다.

(중략)

10년 동안 클레멘테 코스를 운영하면서 우리는 성공적인 사례를 보아왔다. 멕시코 원주민 1400명이 거주하는 히스토키 마을에서 1997년부터 2년 코스를 운영했다(북중미 대륙은 상당수의 원주민 거주촌이 빈곤층이다). 주민들은 이젠 자랑스럽게 스페인어 대신 마야어를 쓴다. 지역 정치인도 배출했다. 어떤 사람은 교사가 됐다. 무기력한 사람들은 참민주주의를 구성하는 '위험한 존재'가 됐다. 보라. 일반인은 '위험한 시민'들이다. 투표를 하고 조직을 만들어 사회를 바꿀 수 있는 권력자들이다. 반면 그들은 그러한 '위험한 능력'이 없는 사람들이었다. 진정한 자유는 스스로가 위험한 존재가 됨으로써 획득된다.

– 〈한겨레신문〉 (2006. 1. 25.)

이 만남이 계기가 되어 1995년 얼 쇼리스가 '로베르토 클레멘테 가정상담센터'에서 첫 인문학 강좌를 시작한 것이 '클레멘테 코스'의 시작이다. 로베르토 클레멘테 가정상담센터는 사회봉사로 이름난 메이저리그 야구선수 로베르토 클레멘테가 출연해 유명해진 상담센터로, 강좌의 이름이 '클레멘테 코스'가 된 것도 이 때문이다. 훌륭한 교수진으로 짜인 클레멘테 코스로 노숙자, 빈민, 마약중독자, 죄수 등이 철학과 시, 미술사, 논리학, 역사 등의 인문학을 배웠다. 일종의 '가난한 사람들을 위한 인문학 수업'이었다.

클레멘트 코스 과정은 책을 읽고 토론하는 것으로 구성되어 있다. 예를 들어 소포클레스의 《안티고네》를 읽고 토론을 통해 서로의 의견을 공유한다. 강의는 일주일에 두 번 예술사, 역사, 논리학, 철학, 문학 등 다섯 과목을 배우고 '소크라테스 방식'으로 진행된다. '소크라테스 방식'이란 학생들이 수업 전에 학습 자료, 즉 책을 읽는 것으로 시작하는 것을 말한다. 수업 때는 교수가 학생들에게 지속적으로 질문하고 학생들은 교수에게 다시 질문하는 방식이다. 이 과정을 거치며 학생들은 스스로 생각하는 법을 배우고, 어느 순간 앎에 이르게 된다.

클레멘테 코스의 핵심은 독서

클레멘테 코스는 가난한 사람들에게 인문학을 가르쳐 그들의 인생이 바뀌도록 유도한다. 쇼리스는 이 과정의 질적 향상을 위해 각 분야의 전문가를 강사로 초빙했다. 〈뉴욕타임스〉의 예술 칼럼니스트 그레이스 글루엑이 예술사를 맡았고, 매사추세츠공대(MIT)에서 노엄 촘스키와 함께 연구했던 티모시 코랜다가 논리학을 가르치는 등 훌륭한 교수진을 투입했다.

그렇다 하더라도 이 코스의 궁극적인 목적은 수강생들의 인생을 변화시키는 것이다. 수강생들의 적극적인 참여가 없으면 그가 계획했던 모든 것이 수포로 돌아갈 수밖에 없다. 이런 이유로 이 과정은 쌍방향

소통 교육으로 진행된다. 이런 교육 방식은 수강생이 스스로 공부를 할 수밖에 없다. 교수진이 기본적인 틀은 가르쳐주어도 이 코스의 핵심인 토론을 하기 위해서는 자신의 생각을 논리적으로 표현할 수 있는 능력을 갖춰야 하는데 그러려면 지식을 머릿속에 쌓고 다른 지식과 융합해야 하기 때문이다.

클레멘테 코스의 커리큘럼은 책을 읽고 토론을 하는 것이 핵심이다. 즉 수강생이 적극적으로 수업에 참석해야 스스로 깨달을 수 있고 변화할 수 있다. 수강생들은 수강하는 동안 다양한 분야의 독서를 통해 지식을 쌓는다. 그뿐만 아니라 지식을 머릿속에만 저장하지 않고 일상생활에도 적용한다. 책을 읽음으로써 자신을 바꾸고 인생의 판을 바꾸는 것이다.

독서로 인생을 바꾸는 것이 현실이 된다

사람들은 대개 가난한 이들에게 가장 필요한 것은 잠자리와 먹을거리라고 생각한다. 물론 그것들이 생존에는 필요하지만 그들에게 '살아야 하는 이유'를 설명해주지는 못한다. 가난한 이들에게는 살아야 하는 이유와 자존심 회복이 더 중요하며, 이것이 인문학 교육을 통해 가능하다는 것을 쇼리스는 깨달았다.

> 31명에서 시작한 초창기 클레멘트 코스는 17명의 졸업생을 배출했다. 이들 중 한 명, 헥터 엔더슨을 제외한 모든 학생이 정규 대학에 진학하거나 전일제 일자리를 얻었다. 이 한 명마저도 뉴

욕 라디오 방송국에 비정기적으로 원고를 쓰면서 바드 대학에 다시 한 번 지원할 준비를 했다. 그는 졸업 후 1년 뒤, 결국 바드 대학에 입학했다. 이러한 성과에 힘입어 클레멘트 코스는 현재, 전 세계 4개 대륙 60개 이상의 지역에서 진행되고 있다. 이 과정을 수료한 사람들의 대부분은 새로운 인생을 시작한다. 거리의 노숙자가 치과의사나 변호사가 되고, 불우한 환경과 가정폭력에 고통받던 아이가 대학에 진학해 철학박사와 패션디자이너, 교수가 되기도 한다. 전과자였던 한 여성은 약물중독자 재활센터의 상담실장이 되었다.

– 〈베네핏〉 (2012. 3. 9.) '왜 계속 가난해야만 하나요?'

클레멘테 코스를 수강한 학생들은 새로운 인생을 시작한다. 아마 이 과정이 아니었으면 평생 노숙자로 살았을지도 모를 일이다. 클레멘테 코스가 그들의 인생을 바꿀 수 있었던 것은 '독서'의 힘이다. 이들은 책을 단순히 읽는 것도 아니었고, 그렇다고 다른 사람이 읽으니까 마지못해 읽는 것도 아니었다. 정말로 자신의 인생을 바꾸기 위해 치열하게 독서했다. 그리고 결과물로 이를 증명했다. 이후 이 과정은 미국뿐만 아니라 전 세계로 퍼져나갔다. 우리나라에서도 2005년부터 노숙인을 대상으로 진행되고 있다. 노숙인 인문학 강좌를 수료한 사람들은 이전과는 다른 인생을 살고 있다.

이들이 인생을 바꾼 것은 하루아침에 이루어진 일이 아니다. 꾸준한 노력을 통해서 바뀐 결과이며, "책을 읽으면 인생이 바뀔 것이다"라는 말을 믿고 따라온 끝에 맺은 성과다. 강좌 초기에는 별다른 효과가 나타나지 않았다. 이것은 아직 물이 끓기 위한 온도인 100°C에 도달하지 못한 탓이다. 이때 현재 상황만 보고 지레 포기했다면 변화는 일어나지 않았을 것이다. 물은 99.99°C가 되어도 끓어오르지 않는다. 단지 0.01°C만 올리면 곧바로 물을 끓일 수 있는데 이를 기다리지 못하고 포기한다면 얼마나 억울한가.

클레멘테 코스 수강생들도 처음에는 반신반의하면서 수업에 임했다. 수강을 한 지 며칠이 지났음에도 아무런 변화가 없으니 얼 쇼리스에게 속은 것이라 생각했을 것이다. 물론 이 때문에 중간에 포기하는 사람도 있었다. 하지만 포기하지 않고 끝까지 수강한 사람들은 인생이 바뀌었다.

4년간 인문고전 100권을 읽고 토론하는 대학교

입학할 때는 평범했던 학생이 졸업할 때 내로라하는 기업에서 스카우트 제의를 받고, 몇몇은 저명한 학자가 되기도 하는 곳이 있다. 하버드, MIT, 예일 같은 소위 아이비리그 대학교의 이야기가 아니다. 바로 세인트존스대학교의 이야기다.

이 학교 재학생 가운데 고등학교 시절 성적이 상위 10퍼센트에 드는 학생의 비율은 채 20퍼센트가 되지 않는다. 나머지는 동네에서 흔히 볼 수 있는 평범한 학생들이다. 이런 학생들이 대학을 졸업할 때가 되면 위치가 바뀌게 된다. 그 비결은 이 학교만의 독특한 커리큘럼에 있다.

보통 '대학교'라고 하면 '전기전자공학부' 같은 학부나 '컴퓨터공학과', '심리학과' 같은 전공으로 나뉜다. 그런데 이 학교는 전공이라는 것이 존재하지 않는다. 그저 4년 동안 책을 읽고 토론하는 것이 커리큘럼의 전부다. 그런데 왜 전공도 없는 이곳의 학생들이 졸업할 때쯤이면 최고의 인재가 되어 있을까?

독서 토론으로 인재를 만들다

세인트존스의 커리큘럼은 4년 동안 인문고전 100권을 읽고 토론하는 것이 전부다. 여기에는 세르반테스의 《돈키호테》, 톨스토이의 《전쟁과 평화》 같은 문학에서부터 플라톤 대화편 《메논》, 데카르트 《방법서설》 같은 철학, 헤로도토스의 《역사》와 투키디데스의 《펠로폰네소스 전쟁사》 같은 역사 등 이른바 문·사·철이라 불리는 인문학의 기초적인 분야가 기본적으로 포함되어 있다. 이외에도 모차르트, 슈베르트, 베토벤 등의 음악 작품 해설서, 근대화학의 창시자 라부아지에의 《화학 요론》 및 그리스 수학자 아폴로니우스의 《원뿔 곡선론》, 신약 및 구약 성서 그리고 여러 분야의 논문들도 포함되어 있다.

독서 토론 과정을 1년 단위로 나눠보면 연 25권, 한 달에 2권가량 읽는 셈이 된다. 이렇게 생각하면 쉬워 보이지만 그 속을 자세히 들여다보면 그렇지 않다. 단지 책만 읽는 것이 아니라 책의 내용을 토대로 토론을 하고 자기 생각을 정리해야 한다. 준비 과정부터 진행 일정, 결론 도출까지 철저히 자기 힘으로 해야 해서 결코 만만하지 않다.

이 학교의 또 다른 특징 중 하나는 교수, 강의, 시험이 없는 '3무(三無)' 대학이라는 점이다. 그래도 명색이 대학교인데 교수가 없다면 학생들은 누가 지도를 하는 것일까? '튜터'라는 사람들이 한다. 여기서 '튜터'의 역할은 학생 지도도 포함되지만 궁극적으로는 '고민을 들어주고 공감하는 역할'을 한다. 그리고 수업 시간 동안 학생들로부터 좋은 토론을 이끌어내는 역할을 담당한다. 이곳에서는 시험 대신 토론을 통해 학생들을 평가한다. 토론 때 제대로 준비하지 않았거나, 자신의 의견을 적극적으로 표현하지 못하는 학생은 다음 학년으로 올라갈 수 없다. 한마디로 치열하게 독서한 사람만이 이곳에서 적응하고 살아남을 수 있는 셈이다.

세인트존스 대학의 또 다른 특징 중 하나는 수학, 과학 과목마저도 토론 과정을 반드시 거친다는 점이다. 일반적으로 수학이나 과학이라고 하면 문제를 풀고 이론과 공식을 외우는 것을 떠올리기 마련이다. 그러나 이는 주입식 교육에만 해당하는 이야기다. 원래 수학과 과학의 학문적 목적은 이론을 증명하고 새로운 것을 발견하는 것이다. 예를 들어 수학 시간에는 유클리드의 《기하학원론》을 읽고 '유클리드 기하학'에 대해 생각하고 토론한다. 과학 시간에는 외르스테드 패러데이, 제임스 클러크 맥스웰 등의 논문을 읽고 그들이 했던 실험을 따라 해보면서 자연과 인간에 대한 과학자들의 생각을 탐구하는 식이다.

이곳을 졸업하기 위해서는 부지런한 독서와 치열한 토론을 하는 것이 필수다. 그리고 그 후 자신의 생각을 정리한 에세이를 제출해야 한다. 학생들은 세인트존스 대학에서 스스로 생각하는 습관과 평생 공부하는 습관을 배운다. 이 과정은 창의력을 키우는 자양분이 되며 또 이를 통해 여러 학문과 분야를 서로 연결할 수 있는 능력을 배양한다. 이 능력은 어느 직업에서든 유용하고, 어떤 분야에서든 실용적이기에 세인트존스 대학 졸업생들은 환영을 받을 수밖에 없다.

부지런함과 치열함으로 승부한다

세인트존스 대학의 학생들이 입학해서 가장 크게 변하는 부분은 바로 부지런함과 치열함이다. 학생들은 토론 수업에 참여하기 위해, 자신의 생각을 다른 사람들에게 자신 있게 말하기 위해 그 책을 자기 것으로 소화시켜야만 한다. 이런 훈련을 반복 경험하면서 이들은 삶의 안팎에서 유의미한 변화를 맞는다. 이들이 4년이라는 재학 기간 동안 책을 읽는 것은 결국 독서의 습관을 들이는 데 이 정도의 기간이 소요된다는 증명이다.

이전과 다른 인생을 살고 싶다면 이전에 했던 나쁜 패턴을 없애고 좋은 패턴을 익혀서 습관화하자. 그것이 가장 쉽고 빠른 방법이다. 다만 “세 살 버릇 여든까지 간다”는 속담이 있듯이, 한번 길들여진 습관은 고치기 힘들다.

나는 책 읽는 습관을 들이는 데 약 4년의 시간이 걸렸다. 지금이야 지하철을 타면 책을 펼쳐보는 것이 자연스러워졌지만, 처음에는 주변 사람의 시선 때문에 부담이 되어 선뜻 책을 펼칠 수가 없었다. 게다가 책만 펼치면 눈이 자동으로 감겨 독서에 집중할 수도 없었다. 이런 상태는 2년 이상 지속되었지만, 그래도 포기하지 않고 계속 노력한 결과 오늘에 이르게 되었다.

전공 분야보다 인문학 분야 책이 더 많은 한 화학공학 전공자

내가 책 읽는 습관을 들이는 데 영향을 준 사람은 여럿 있었다. 그중 한 사람이 친동생 차종호다. 2006년 어느 날, 우연히 동생의 기숙사 방에 들어갔다가 한쪽 벽면을 빼곡히 채운 책장을 보고는 큰 충격을 받았다.

화학공학 전공자의 닥치는 대로 읽기

당시 동생이 다니던 KAIST에는 새로운 기숙사 건물이 완공되어 일부 학생들이 기존 기숙사에서 새 기숙사로 옮겼다. 이때 동생도 운 좋게 새 기숙사로 옮기게 되었다. 기존 기숙사에서 짐을 빼기 위해 동생 방에 갔을 때 깜짝 놀랐다. 책꽂이의 절반은 전공 책으로, 나머지 절반은 철학, 역사, 경제 등 전공과는 무관한 책들이 꽂혀 있었던 것이다.

"여기 이 책들은 전공과는 관련 없는 책인데, 장식품이지?"

농이 섞인 내 말에 동생은 정색하고 대답했다.

"장식품은 무슨. 여기 봐. 내 손때가 묻었잖아. 그리고 여기 카드 전표도 있어. 전부 내가 구입한 책이야."

"네 전공인 화학공학이랑은 관련이 없는 것 같은데?"

"사실 교수님께서 논문 쓰는 데 참고하라고 이 책들을 추천해주셨어. 공학을 연구하는 사람도 인문학적 소양이 있어야 한다고 해서 읽은 거야. 나도 처음엔 믿기지 않았는데, 읽어보니까 정말 논문 쓰는 데 도움이 됐어."

"그래?"

"책을 읽으니까 생각을 깊게 할 수 있고, 시야도 넓어졌어. 그러니까 형도 전공 책만 읽지 말고 이런 책도 좀 읽어봐. 몇 권 골라줄게."

그 자리에서 동생은 알베르 카뮈의 《이방인》과 유시민의 《부자의 경제학, 빈민의 경제학》, 홍세화의 《나는 빠리의 택시 운전사》 이렇게 3권을 건네줬다. 나는 그날 부산으로 가는 기차 안에서 홍세화의 《나는 빠리의 택시 운전사》를 읽었다. 이 책을 읽는 내내 저자가 들려주는 '빠리'의 이야기와 정치적 사회적인 의견과 문화적 풍경에 깊이 빠져 들어갔다. 저자의 필력 덕분에 책에서 묘사하는 상황이 머릿속에 생생하게 그려졌다. 책의 내용을 상상하고 머릿속으로 그려보는 재미를 알게 된 것이다. 그 후부터는 서점을 놀이터 삼듯 다녔다. 신간을 둘러보고 마음에 드는 책을 샀다. 그리고 도서관에서 책을 대출해 읽기 시작했다.

운명을 바꾼 독서

2009년 가을, 미국 버지니아 공과대학교 교수가 동생을 미국 국립에너지연구소로 스카우트하기 위해 한국을 찾았다(그 교수는 버지니아 공대 교수와 미국 국립에너지연구소의 연구원을 겸직하고 있었다). 나중에 안 사실이지만 그 교수가 동생을 스카우트하기 위해 한국을 찾은 것은 그때가 두 번째였다. 이 일은 유비가 세 번 찾아간 끝에 제갈량의 마음을 얻은 '삼고초려(三顧草廬)'에 비유할 만했다. 미국의 교수가 인재를 찾기 위해 직접 한국에 오는 것은 일반적이지 않은 상황이기 때문이다. 요즘은 인터넷이 발달해서 이메일로 관련 내용을 주고받으면 되고, 국제전화로 관련 인터뷰를 할 수도 있다. 그럼에도 그 교수는 두 번이나 직접 찾아옴으로써 동생을 '꼭 스카우트 하겠다'는 의지를 전했다.

사실 동생은 국내 연구소에서 연구하기를 원했다. 그리고 기회가 된다면 대학교에서 후학을 양성하고 싶다고 버릇처럼 말했고, 미국에 가는 것은 후순위였다. 동생은 자신을 찾아온 교수에게 자신을 스카우트하려는 이유를 물었다. 그러자 그 교수는 이렇게 대답했다.

"미국 학회지에 실린 당신 논문을 몇 편 읽었습니다. 마침 제가 연구하는 분야이고 내용이 참신해서 같이 연구해보고 싶은 생각이 들어서 꼭 스카우트해야겠다고 생각했습니다."

그제야 동생은 그가 두 번이나 자신을 찾아온 것에 대한 의문이 풀렸다. 그 교수는 동생에게 "그렇게 논문을 잘 쓸 수 있는 비결이 무엇이냐?"고 물었다. 동생은 주저 없이 '독서'라고 대답했다.

이후 그 교수는 동생에게 공식적으로 함께 일하자고 제안했다. 동생은 자신을 두 번이나 찾아온 것에 감동해서 높지 않은 연봉임에도 제안을 수락했다. 6개월 뒤 동생은 버지니아 공대로 가서 박사 후(Post Doctor's course)과정을 밟았다. 이후에는 본격적으로 미국 국립에너지연구소 일을 하면서 능력을 인정받았다. 현재 동생은 뉴욕주로 이주해 몇십 만 달러의 연봉을 받으며 자기가 맡은 분야에서 열심히 일하고 있다.

동생이 처음부터 뛰어난 능력을 타고난 것은 아니었다. 초등학교에 입학할 때까지만 해도 동생은 글을 읽는 것은 물론 쓰는 것도 제대로 하지 못했다. 하지만 이것은 기우였다. 동생의 성적은 학년이 올라가면서 가파르게 상승하기 시작했고, 중학교 2학년이 되자 전교 1등을 찍었다. 그리고 이 석차는 졸업 때까지 이어졌다. 고등학교 시절 동생은 내내 최상위권을 유지했고, 한양대학교, KAIST 대학원에 차례로 진학했다.

내가 관찰한 바로, 동생은 늘 궁금한 것이 많았고, 궁금한 점을 책에서 찾기를 즐겼다. 지금 생각해보니 동생이 변화한 데에는 독서의 힘이 가장 컸다고 생각한다. 친구와 노는 것도 좋아했지만 도서관에 가서 책 읽는 것을 하루도 거르지 않았다. 이것이 지금 동생의 모습을 만들었다고 나는 확신한다.

책 한 권으로 전공과 꿈을 바꾼 한 이과생

나는 독서를 통해 자신을 변화시킨 사람을 소개해 달라는 부탁을 종종 받는다. 그때마다 2011년 독서 모임에서 알게 된 스물다섯 살 청년 '김효준'을 소개한다. 처음 봤을 때 그는 군대에서 제대하고 막 복학한 대학생이었다. 그가 책을 읽게 된 것은 자신의 미래에 대한 고민 때문이었다. 우리나라 고3은 성적에 맞춰서 또는 부모님이 가라고 해서 자신의 의지와 상관없는 전공을 선택하는 경우가 많다. 그도 마찬가지였다. 대학에 진학할 때 자신의 생각과는 거리가 먼 '기계공학'을 선택했다. 1학년을 마치고 군복무를 하고 돌아와보니, 기계공학은 자신의 적성과 맞지 않다는 것을 깨달았다. 그래서 평소 하고 싶었던 건축공학으로 전과를 하고자 했다. 그런데 20대 청춘이 그렇듯, 그도 앞에 놓인 선택지를 두고 자신 있게 선택하지 못했다.

예상치 않은 사고가 전화위복이 되다

그는 운동하다가 다리를 다쳐 수술받기 위해 병원에 입원하게 되었다. 대개 입원 환자들은 TV를 보거나 잠을 자면서 시간을 의미 없이 보내는 경우가 많지만 그는 책을 읽었다. 이때 접한 책이 이지성의《꿈꾸는 다락방》이었다. 그는 이 책을 읽고 자신의 인생을 바꾸고자 1년간 365권의 책을 읽기로 결심했다. 병원에서 1~2권 읽기 시작한 것이 한 달이 지나고 두 달이 지나니 습관으로 자리 잡았다. 그렇게 1년간 365권을 완수하고 그는 저자 이지성과 일대일로 만나서 대화할 기회를 얻었다. 당시 이지성은 1년에 365권을 읽은 사람을 개인적으로 만나주었다.

그가 저자를 만난 목적은 1년 동안 365권을 읽었다는 것을 확인받고 싶어서였다. 그런데 칭찬은커녕 제대로 된 독서가 아니었다는 쓴소리를 들었다. 그뿐 아니라 책 한 권을 완전히 이해하지 못하면 그것은 읽지 않은 것이나 다름없다는 충고도 들었다. 그 말을 들은 그는 그동안의 노력이 수포로 돌아간 것 같아 기분이 안 좋았다고 했다.

하지만 이지성 저자는 김 대표가 읽은 365권을 비하한 것이 아니었다. 1년에 365권이라는 양은 무시할 수 없는 수치다. 이지성 저자 역시 이 부분을 대단하다고 칭찬했다. 다만 여기서 자만하지 말고 꾸준히 지속해서 자신을 한 단계 더 업그레이드시키라는 의미로 한 걸음 더 나아간 충고를 한 것이었다.

독서 모임을 만들다

그는 1년 동안 365권의 책을 읽고, 또 이지성 저자를 만난 후에 자신의 미래는 자신이 개척해야 한다는 것을 느꼈다. 그래서 이전부터 고민해왔던 것을 실천해나가기 시작했다. 전공을 기계공학에서 건축공학으로 바꿨고 독서 효과를 전하기 위해 독서 모임 '피카소'를 만들었다.

처음 이 독서 모임에 참석했을 때 나는 다소 부정적이었다. '20대 중반의 대학생이 과연 제대로 독서 모임을 이끌어 나갈지'에 대한 의구심을 떨칠 수가 없었던 것이다. 하지만 이것은 기우에 불과했다. 처음 서너 번은 독서 모임을 주재하는 일이 서툴러 보였지만 모임 횟수가 늘어날수록 내 생각이 틀렸음을 알 수 있었다.

책에 대한 지식 면에서 그는 30대 초반인 나를 훌쩍 앞서 있었다. 나는 그에게 읽을 만한 책을 추천해 달라는 부탁도 했다. 그때 추천받은 책이 헨리 데이비드 소로의 《월든》과 보도 섀퍼의 《돈》 등이었다.

그는 저자 강연을 개최하기도 했다. 강신주 박사의 강연과 황희철 저자의 강연도 그의 기획이었다. 그가 이렇게 강연을 기획한 것은 자신이 책을 읽고 많은 것이 변화되었기에 그것을 다른 사람에게도 알려주고 싶어서였다. 다만 자신은 영향력이 없기에 영향력이 있을 만한 유명 저자를 초청했다고 했다.

나도 두 차례 강연 기획 및 준비를 도와준 적이 있는데 옆에서 본 그는 건축공학보다 오히려 강연 기획이 더 어울린다는 생각이 들었다. 그래서 강연이 끝난 후 이런 나의 생각을 이야기해주었고, 그도 긍정적으로 생각해보겠다고 했다.

강연 기획자의 삶을 살다

그는 부산에서 강연 기획을 하다가 어느 날 큰 무대에서 활동하고 싶다며 서울로 떠났다. 연락이 뜸해진 채로 2년이라는 시간이 흘렀다. 그러던 어느 날 자신이 '사람숲협동조합'을 설립했다고 조합원으로 가입해 달라는 연락을 받았다. 그의 연락을 받고 바로 조합원에 가입했고, 지금까지 조합원으로 활동하고 있다. 그가 설립한 '사람숲협동조합'은 책을 읽고 토론을 하는 곳이다. 그리고 정기적으로 강연도 같이 하고 있다. 그는 서울뿐만 아니라 부산 등 지방에서도 강연을 기획하고 있다.

몇 년 전 그가 강연 때문에 부산에 왔을 때 이야기를 나눈 적이 있다. 그때 그는 자신이 이전에는 이런 강연을 기획할 것이라고는 전혀 생각하지 못했다고 했다. 건축공학을 전공해 세계적인 건축가가 되는 것이 꿈이었던 그는 만약 건축설계 분야로 나갔더라면 그저 그런 설계사가 됐을지도 모른다고 했다. 처음에는 건축에 흥미를 느꼈다가 점점 흥미를 잃었기 때문이다.

하지만 강연 기획이나 독서 토론 모임은 다르다고 했다. 운영이 힘들 때도 일이 고단하거나 그만두고 싶다는 생각이 전혀 들지 않았다고 했다. 그래서 이것이 진정 자신이 하고 싶은 일임을 깨달았다고 했다.

"독서가 아니었으면 진짜 내가 무엇을 워하는지 영원히 찾아내지 못했을 것입니다."

4장

1년 100권
STEP 1
읽을 책 선정하기

제일 먼저 프롤로그와 목차를 살펴본다

독서를 통해 변화하려고 마음먹은 사람들이 가장 어려워하는 것이 책을 고르는 일이다. 초기에는 책을 고르는 것이 익숙하지도 않고, 어떤 책을 골라야 되는지 판단이 안 서는 경우가 많다. 그래서 이 시기에는 다른 사람들의 도움을 받을 수밖에 없다.

그러나 언제까지 다른 사람의 도움을 받아서 책을 선택할 수는 없다. 어느 순간이 되면 자신이 책을 선택해야 한다. 그리고 그 책임도 자신이 져야 한다.

'프롤로그'로 가늠하기

책을 선택할 때 먼저 고려하는 것은 책의 내용이다. 책을 통해 저자가 무엇을 이야기하는지 알기 위해서는 책을 끝까지 읽는 것이 가장 좋다. 하지만 요즘은 하루에도 수많은 책이 출간되기 때문에 모든 책을 다 끝까지 읽어볼 수는 없다.

그래서 권장하는 방법이 바로 '프롤로그 읽기'다. 대개 프롤로그에는 저자가 자신의 책을 통해 무엇을 이야기할 것인지를 요약해놓기 때문이다. '프롤로그'의 어원은 인간에게 불을 훔쳐 전해준 그리스 신 '프로메테우스'에서서 비롯되었다. 프로메테우스의 이름 뜻은 '먼저 생각하는 자'다. 책의 내용을 미리 보여준다는 점에서 먼저 생각하는 자의 이름을 딴 것은 매우 적절해 보인다(참고로 '프로메테우스'의 동생 '에피메테우스'는 '나중에 생각하는 자'라는 뜻을 가지고 있다. 이것은 '에필로그'의 어원이 된다).

나는 《인공지능의 미래 사람이 답이다》를 쓰면서 프롤로그에 '4차 산업혁명 시대를 살아갈 인간에게 필요한 것은 인문학'임을 강조했다. 이 책 전반을 통해 내가 말하고자 하는 내용을 프롤로그에 담아 책을 읽은 사람들이 프롤로그만 봐도 책의 내용을 짐작할 수 있도록 했다.

'목차'로 확장하기

프롤로그를 읽어보는 것은 책을 선택하고 읽는 데 도움을 준다. 하지만 프롤로그를 읽는 것으로 100퍼센트 도움을 받을 수는 없다. 그래서 책을 선택할 때는 한 가지 방법을 더 추가하는 게 좋다. 바로 목차를 살펴보는 방법이다.

목차는 주로 프롤로그 다음에 위치한다. 목차는 본문에 본격적으로 이어질 책의 내용을 일목요연하게 정리해 보여준다. 어떤 주제를 다루었고 어떤 이야기를 전개할지, 또 세부적으로 어떤 내용을 담고 있는지도 목차를 보면 대강 파악할 수 있다. 목차로 책의 내용을 확장해서 가늠할 수 있는 것이다.

물론 소설 중에는 최인훈의《광장》이나 헤밍웨이의《누구를 위하여 종은 울리나》처럼 목차가 없는 것도 있다. 또 울더스 헉슬리의《멋진 신세계》처럼 목차에 구체적인 내용을 담지 않고 그저 '1장, 2장'의 번호를 매긴 책도 있다. 이런 경우에는 추천사나 역자 후기를 대신 읽어볼 것을 권한다. 특히 역자 후기는 책을 번역한 사람의 리뷰에 해당하므로, 소설책을 선택하는 데 귀중한 조언이 된다.

나도 책을 선택할 때 제목만 보고 무작정 골랐다가 낭패를 본 경험이 있다.《서민독서》와《서민적 글쓰기》가 가장 대표적이다. '서민'이라는 제목의 뜻을 '서민(庶民)'을 대상으로 하는 독서와 글쓰기인 것으로 오해한 것이다. 책장을 들추고 나서야 서민이 서울대학교 의과대학 교수인 저자의 이름이라는 사실을 알았다. 당시 목차만 살펴봤어도 내용이 어떤 것인지 파악할 수 있었을 텐데, 저자의 독특한 이름이 주는 이중의 의미를 제목에 절묘하게 차용한 것을 알아채지 못한 탓이었다. 그래서 책을 읽는 내내 허탈한 웃음과 함께 힘이 쭉 빠진 기억이 있다.

나와 같은 오류를 줄이기 위해서라도 반드시 목차를 살펴보는 일은 필요하다. 책을 선택할 때 유난히 고민이 많은 사람도 있다. 바쁜 일상에서 짬을 내 원하는 책을 읽으려다 보니 선택에 신중을 기할 수밖에 없으리라.

책이든 점심 메뉴든, 무언가를 선택하는 것은 쉬운 일이 아니니까.

이때 내가 말한 책의 프롤로그와 목차를 먼저 살피자. 이 둘을 읽는 데는 긴 시간도 필요 없다. 그리고 이 두 부분만 읽어도 책 선택에서 실패할 확률을 반 이상 줄일 수 있을 것이다.

고전 읽기는 한국 고전부터 시작한다

어떤 책을 읽는 것이 가장 좋은지에 대한 질문에 가장 자주 하는 대답은 "고전을 읽어라"다. 나 역시 독서의 최고봉은 고전이라고 생각하고, 고전을 읽어야 한다는 생각에 동의한다. 하지만 고전을 읽는 것은 쉬운 일이 아니다. 그렇다고 무조건 남이 좋다니까, 남들이 읽으니까 따라서 읽으려고 마음먹어서는 안 된다. 무작정 고전을 읽으면 고전을 읽는 묘미를 제대로 느낄 수 없다.

우리가 고전을 읽어야 하는 이유

흔히 '고전'이라고 하면 오래전부터 전해 내려온 문학, 철학, 역사 등의 작품이나 현대 문명의 바탕을 이룬 경제학, 물리학 등의 저서를 말한다. 이런 책들은 출간된 지 오래된 것이다. 글자의 뜻 그대로 '고전(古典)'인 까닭이다. 대체 과거의 생각과 사상을 담은 책이 오늘날의 우리에게 무슨 가르침을 줄 수 있을까? 이 점에 회의적인 이들도 있으리라.

하지만 뒤집어 생각해보자. 오랜 시간 동안 사람들의 사랑을 받으며 살아남았다는 것은 그만큼 시간과 공간의 변화에도 변하지 않은 본질을 담고 있음을 의미한다. 이때의 본질이란 인간의 본성과 살아가면서 반드시 겪을 수밖에 없는 요소를 포함한다. 예를 들어 사랑과 증오, 선과 악, 삶과 죽음, 쾌락, 고통 등이 그것이다. 고전은 어떤 환경과 조건 속에서도 간과하지 말아야 할 근본적인 문제들을 되짚어보게 해준다. 그리고 그 안에서 지금 우리에게 필요한 깨달음과 창의적인 아이디어를 얻는 것이 고전을 읽는 이유다.

성공한 기업의 CEO나 리더들이 인생의 책으로 꼽는 도서 중에는 고전이 상당한 비중을 차지한다. 이들은 단지 멋있게 보이기 위해서 고전을 꼽는 것이 아니다. 고전을 통해서 '진리'를 깨닫고 마음속 울림을 얻었기에 고전을 제일순위로 꼽는 것이다.

빌 게이츠는 중국 시장을 공략할 때 《손자병법》에 나오는 '능력이 없는 척 속였다가 적을 공략하는 전략'을 사용했다. 그는 마이크로소프트의 워드프로세서가 중국 시장에서 무한 복제되어 엄청난 양이 돌아다니고 있음에도 무려 10년 동안 아무런 조치를 취하지 않았다. 그런데 훗날 이 일은 역설적으로 중국의 워드프로세서가 마이크로소프트의 워드프로세서에 모든 시장을 읽고 무릎을 꿇는 결과를 가져왔다. 삼성의 창업주 이병철 회장도 《논어》를 통해 경영에 필요한 지혜를 얻었다. 그는 자서전에서 자신의 모든 경영 비법은《논어》에서 비롯되었다고 밝혔다. 이들에게 고전은 의미 있는 깨달음을 주는 스승이었다.

우리나라 고전부터 읽어라

고전을 읽으려면 우선 고전과 친해져야 한다. 그러기 위해서는 처음부터 어려운 책을 읽어서는 안 된다. 그래서 나는《동호문답》,《홍길동전》,《전우치전》,《삼국사기》같은 우리나라 고전을 권한다. 우리나라 고전은 우리의 정서를 담고 있기에 다른 나라 고전보다 이해하기가 편하다.

나는 박제가의《북학의》를 재미있게 읽었는데, 내가 이 책을 재미있게 읽었던 것은 조선 후기 비주류였던 박제가와 21세기의 비주류인 나의 삶이 비슷했기 때문이다. 예나 지금이나 비주류가 주류로 가기는 쉽지 않다. 이것은 어찌 보면 비극이라고 할 수 있지만, 반대로 생각하면 마음 편하게 주류를 비판할 수 있다는 장점도 있다.

내가《북학의》를 읽으면서 떠올린 것이 당시 유명한 팟캐스트 방송 '나는 꼼수다'였다. 박제가는 중인 신분이었기에 벼슬을 하는 데 한계가 있었다. 또한 어느 당파에서도 환영받지 못하는 존재였고, 필요한 존재도 아니었다. 그래서 그는 지배 계층의 눈치를 볼 필요가 없었다. '나는 꼼수다'를 진행하는 김어준도 마찬가지다. 철저한 비주류이기에 그 누구의 눈치도 보지 않았다. 이것이 주류층을 신랄하게 비판할 수 있던 원동력이었다.

맨 먼저 우리 고전 10권을 읽어보자. 내가 추천하는 고전은 정약용의 《유배지에서 보낸 편지》, 유길준의 《서유견문》, 김만중의 《구운몽》 등이다. 이들 책은 이해하기 쉬운 내용이라 초보자들도 쉽게 접근할 수 있다.

한국 고전으로 고전 읽는 습관을 들였다면, 그다음에는 동양 고전으로 넓혀간다. 우리나라는 중국의 영향을 많이 받았기에 동양 고전을 접할 기회가 많다. 《서유기》나 《삼국지》 같은 경우는 어릴 때부터 많이 접했기에 읽고 이해하는 데 그다지 부담이 없을 것이다. 그러고 난 후 《논어》나 《맹자》로 넘어가는 것이 좋다. 《논어》와 《맹자》는 대표적인 동양 철학책이지만 '이데아' 같은 추상적인 내용이 없고, 현실적인 내용을 담았기에 큰 부담을 갖지 않고도 읽을 수 있다.

그리고 《논어》와 《맹자》를 읽었다면 서양 고전으로 넘어가는 것이 좋다. 특히 서양 고전은 1년 정도 동양 고전을 충분히 읽은 후에 읽기를 권한다.

서양 고전, 특히 서양 철학은 '이데아'나 '탁월함(arete)' 같은 추상적인 내용을 많이 담고 있다. 게다가 우리와 정서가 다르기 때문에 이해하기가 만만치 않다. 첫 시작으로 플라톤의 《소크레테스의 변명》, 《향연》, 《파이돈》, 《크리톤》과 장자크 루소의 《인간 불평등 기원론》, 《사회계약론》을 추천한다. 나는 이 책들을 세 번 이상 읽어봤는데 인간 본성에 관한 내용을 담고 있어 그다지 어렵지 않았다. 이 책을 읽고 난 뒤에는 밀의 《자유론》과 볼리즈 파스칼의 《팡세》 등에 도전해보자. 독서의 영역이 확장되면서 자신감도 확장되는 것을 느낄 수 있을 것이다.

넉넉한 시간으로 승부한다

고전을 읽을 때는 시간을 넉넉하게 가지는 것이 좋다. 고전은 '어렵다'는 편견 때문에 잘 넘어가지 않는다. 따라서 6일의 시간을 가지고 한 달에 5권을 읽는 식으로 계획을 짜면 좋다. 물론 책에 따라 읽는 데만 한 달이 넘는 책도 있다. 내게는 플라톤의 《국가》가 그랬다. 《국가》 같은 책은 고전 읽기에 익숙해지면 도전하는 것이 좋다. 초기에는 아무래도 부담이 없는 책을 선택하는 것이 좋다.

고전은 대부분 한 번 읽어서는 내용을 이해하기가 어렵다. 양과 깊이가 방대하고 어려운 탓이다. 그래서 가능하면 여러 번 반복해서 읽으면서 뜻을 음미해야 한다. 고전은 스무 살에 읽었을 때와 마흔 살에 읽었을 때의 느낌이 다르다. 게다가 스무 살 때 미처 보지 못한 다른 면을 마흔 살 때는 얼마든지 볼 수 있다. 바로 이것이 고전 독서의 매력이다.

추천 도서에 얽매이지 말고 끌리는 책을 고른다

나는 그냥 눈에 띄는 책, 마음에 끌리는 책부터 읽으라고 말한다. 물론 원하는 장르가 있으면 그 장르의 책을 추천해준다. 이는 독서에 대한 흥미를 잃지 않고 꾸준히 하기 위해서다. 또 내가 읽었던 책을 추천해주었다가 혹시라도 흥미를 잃을까 봐 나는 가능한 한 본인이 끌리는 책부터 읽으라고 권하는 편이다. 독서에 대한 흥미를 이어나가는 것이 훨씬 낫다. 이 원칙은 고전에도 똑같이 해당된다.

추천 도서에 얽매이지 마라

인생의 주인공은 그 누구도 아닌 바로 '나 자신'이다. 결국 주변 사람들은 조언을 하고 도움을 줄 수 있을 뿐이다. 이것은 독서할 때도 마찬가지다. 책을 읽을 때도 '나 자신'이 중심이 되어야 한다. 아무리 유명한 저자가 추천한 책이라도 내가 흥미를 느끼지 못하고 왜 이 책을 읽어야 하는지 답을 찾지 못했다면 그 책은 나에게 의미가 없는 것이다. 이런 책은 대개 중간에 읽다가 포기하는 경우가 많다.

나도 강신주 저자가 추천한 애덤 스미스의 《국부론》을 읽다가 중간에 포기한 적이 있다. 이 책은 내용이 어렵기도 했지만 조금도 흥미롭지 않았다. 반면 밀의 《자유론》은 내용은 쉽지 않았지만 나의 흥미를 끌었다. 그래서 5일 만에 읽었다. "진정한 자유는 법의 테두리 안에서 타인의 자유를 침해하지 않는 선에서 이루어져야 한다"는 대목에서 크나큰 감명을 받았다. 그동안 나는 '자유'란 타인의 시선은 아예 신경 쓰지 않는 것이라 생각했었는데, 이 책을 읽고 생각이 바뀌었다.

어떤 책이 내 눈에 띈다는 것은 책의 제목, 다루는 주제, 저자 등의 요소 중 하나가 나와 연결점을 갖는다는 말이다. 2017년, 나는 서점에 들렀다가 윤홍균 저자의 《자존감 수업》 앞에서 발길을 멈추었다. 내가 이 책에 관심이 갔던 이유는 당시 풀리지 않은 인간관계 때문에 자존감이 바닥으로 떨어져 있었기 때문이다. 나는 당장 이 책을 골랐고, 그 자리에 앉아 3시간 만에 다 읽었다.

그렇다 하더라도 나에게 감동은 준 책, 내가 제일 좋아하는 책이 다른 사람에게도 그럴 것이라는 보장은 없다. 이를테면 자존감이 높은 사람에게 《자존감 수업》은 뻔한 이야기이자, 지루한 이야기일 수도 있다. 물론 유명 저자나 유명 인사의 추천이나 필독서 목록이 참고는 될 수 있겠지만 그 목록을 반드시 따라 읽을 필요는 없다.

실패는 성장의 자양분이 된다

좋아하는 책만 읽으면 결국 편협한 시각을 가지게 되는 것이 아니냐고 걱정하는 사람들이 있다. 하지만 이것은 기우에 불과하다. 책을 많이 읽는 사람들은 자신이 의도하지 않더라도 여러 분야를 넘나들며 폭넓은 독서를 하게 마련이다. 사람이 성장함에 따라 관심사나 생각이 자연스럽게 바뀌기 때문이다.

삶의 모습이 시시각각 변하면서 관심사와 고민, 절대 변하지 않을 것이라고 생각했던 것이 함께 변한다. 나는 30대 초반까지만 해도 재테크에는 별로 관심이 없었다. 하지만 30대 중반이 넘어가니 자연스레 재테크에 관심이 생겨서 이전에 읽지 않았던 《위기를 기회로 만드는 재테크》, 《1000만 원부터 시작하는 액수별 맞춤 재테크》 등과 같은 재테크 관련 책을 읽고 있다. 그리고 내가 신입사원 때는 리더십이나 소통에 관심이 없었지만 관리자의 위치가 되고 나니 리더십과 소통의 필요성을 느껴 《글로벌 리더들의 리더십 DNA》, 《진정성 리더십: 머리와 가슴으로 사람을 이끄는 기술》 등 관련 책들을 읽게 되었다.

인생을 살면서 상황에 따라 개인의 관심사는 변하게 마련이다. 관심사에 맞는 책을 찾아 읽으면 자연스레 독서의 폭이 넓어진다. 공자는 《논어》 〈옹야〉 편에서 "아는 자는 좋아하는 자를 이길 수 없고, 좋아하는 자는 즐기는 자를 이길 수 없다(知之者 不如好之者 好之者 不如樂之者)"고 했다. 이 말은 어떤 것을 즐길 수 있으려면 우선 그것을 좋아해야 함을 뜻한다. 자신이 좋아하는 책을 읽었을 때 그 어떤 책보다 깊게 읽을 수 있고, 즐거움도 느낄 수 있다.

어떤 책을 읽어야 할지 몰라 망설이고 있다면 서점에 가서 가장 마음에 드는 책을 선택하라. 막상 읽어보니 기대와 달라서 실망할 수도 있다. 그렇지만 이 실패를 토대로 그다음에는 어떤 책을 골라야 할지 힌트를 얻을 수 있다. 이런 경험이 쌓이고 쌓여 나만의 책 목록을 만들 수 있다.

베스트셀러보다 스테디셀러를 고른다

서점에 갈 때마다 내가 가장 먼저 가는 곳이 있다. 바로 스테디셀러(steady seller) 코너다. 스테디셀러는 오랜 기간 꾸준하게 잘 팔린 책을 말한다. 오랜 시간 동안 꾸준하게 팔렸다는 것은 시대의 변화에도 빛을 잃지 않는 무언가를 지니고 있다는 증거다.

유시민 저자의 《어떻게 살 것인가》와 기시미 이치로, 고가 후미타케의 《미움 받을 용기》는 대표적인 스테디셀러에 속한다. 《어떻게 살 것인가》는 삶과 죽음, 개인과 사회, 자유와 공동선, 진보와 보수, 신념과 관용, 욕망과 품격, 사랑과 책임, 열정과 재능 등 우리의 삶을 형성하는 물질적·정신적 요소들을 저자의 시각으로 해석해 들려준다. 이런 요소들은 시간이 지나도 빛을 잃지 않고, 시대에 관계없이 인간이라면 누구나 고뇌할 수 있는 주제이기에 독자들에게 꾸준한 사랑을 받을 수밖에 없다.

《미움 받을 용기》는 아들러 심리학을 공부한 철학자와 세상에 부정적이고 열등감 많은 청년이 다섯 번 만나 나눈 이야기가 주된 내용을 이룬다. 두 사람은 만남을 통해 '어떻게 행복한 인생을 살 것인가'라는 질문에 답을 찾아간다. 이 책의 주제인 '어떻게 행복한 인생을 살 것인가', 즉 행복한 삶은 시대를 초월해서 인간이라면 누구나 누리고 싶어 하는 욕망이다. 따라서 독자들의 사랑도 꾸준할 수밖에 없다.

베스트셀러보다 스테디셀러를 선택하는 이유

대부분의 사람은 서점에 가면 베스트셀러 코너를 가장 먼저 찾는다. 그 시기의 트렌드를 잘 반영하고 있는 베스트셀러는 유행을 많이 탈 수밖에 없다. 이런 베스트셀러 중에서도 스테디셀러로 발돋움하는 책들이 있다. 박웅현 저자의 《책은 도끼다》가 대표적인 경우다. 《책은 도끼다》는 책에 관한 내용을 다룬다. 이 책이 스테디셀러가 된 것은 '책의 가치'라는 이 책의 주제가 시대를 막론하고 중요성이 변하지 않기 때문이다.

국내 도서뿐만 아니라 외국 도서도 스테디셀러는 대부분 베스트셀러에서 넘어오기 마련이다. 데일 카네기의 《인간관계론》이나 로널드 T. 포터-에프론의 《욱하는 성질 죽이기》는 자기계발을 하는 데 가장 기본적인 뼈대를 다루고 있다. '상대의 입장에서 생각하는 역지사지(易地思之)'나 욱하는 성격을 줄이면 인간관계 개선에 도움이 된다는 충고는 동서고금을 막론하고 어디에나 적용이 가능하다. 이것은 '불변의 진리'이기에 시대를 초월해서 거듭 강조되는 관계의 미학이다. 그래서 나는 주변 사람들에게 베스트셀러보다는 스테디셀러를 읽으라고 권한다.

책도 적응할 수 있다

나는 삼천포에서 자랐다. 중학교 시절 집에서 학교까지 가려면 40분 넘게 걸어가야 했다. 집에서 5분 정도 걸어가면 버스 정류장이 있었지만, 배차 간격이 길어서 버스를 타고 가면 지각할 우려가 있었다. 그래서 날마다 걸어서 통학을 했다. 몇몇 친구들은 자전거로 통학을 했지만 초등학교 4학년 때 자전거 사고를 당한 적 있는 나는 자전거에 대한 트라우마 때문에 도보를 택할 수밖에 없었다. 중학교 1학년 1학기 때는 40분 넘게 걷는 것이 힘들고 부담되었다. 하지만 1학년 2학기 때부터는 익숙해져 힘들다는 생각이 들지 않았다. 6개월 가까이 걸어 다니다 보니 어느새 적응이 되었던 것이다.

인간은 주어진 환경에 적응하며 사는 존재다. 책을 읽는 것도 마찬가지다. 스테디셀러나 고전 같은 책은 편견 때문에 처음 읽는 것이 힘들지 계속 읽다 보면 어느새 적응이 된다. 즉 읽는 데 부담감을 느끼지 않는 순간이 오는 것이다.

스테디셀러를 읽으려면 적응할 시간이 필요하다. 100일 동안 30권의 스테디셀러를 읽으면 적응할 수 있다. 어떤 책이 스테디셀러로 등록되어 있는지 알고 싶으면 서점에 가도 되고, 교보문고나 예스24, 알라딘 같은 서점 홈페이지를 살펴봐도 된다.

나도 처음 스테디셀러를 읽을 때는 부담을 많이 가졌다. 내가 처음으로 읽었던 스테디셀러는 《어떻게 살 것인가》였는데, 내용이 얼른 이해가 되지 않아 초반에는 읽는 데 애를 먹었다. 《미움받을 용기》는 심리학에 문외한이라 내용을 파악하는 데 어려움을 겪었다. 그래서 책 한 권을 읽는 데 많은 시간이 소요됐다. 그래서 중간에 포기하려고도 했지만 이미 여러 사람에게 선포해놓았던 터라 계속 할 수밖에 없었다.

결과적으로 나는 미션에 성공했다. 그리고 이후 깨달은 것이 한 가지가 있다. 스테디셀러는 소설부터 읽는 것이 좋다는 사실이다. 나는 소설을 맨 나중에 읽었는데 다른 분야의 책과 비교해보니 읽는 데 부담이 덜했다.

하나의 주제와 관련된 책 5권을 고른다

나는 얼마 전 《리더라면 처칠처럼》을 쓴 윤상모 저자를 만났다. 그와 만난 자리에서 나는 어떻게 처칠에 관한 책을 쓰려고 결심했는지 물었다. 그는 ㈜한국마이스터를 창업한 초기 '리더란 어떠해야 하는가?'에 대한 고민을 많이 했다고 한다. 그러던 중 '처칠'이라는 인물에 매력을 느끼게 되어 처칠에 관한 국내 서적뿐만 아니라 외국 서적까지 읽으면서 집중적으로 연구했다. 처칠을 연구하며 깨달은 '처칠의 리더십'을 사업에 적용한 그는 첫해 10억의 매출을 달성했다. 이에 그치지 않고 그의 롤 모델인 처칠의 리더십을 세상에 널리 알리기 위해 책을 집필하게 되었다고 한다.

그를 만나기 전에 나는 그의 책부터 읽었다. 과연 처칠에 관해서 많이 연구한 것이 느껴졌다. 처칠에 관한 수준 높은 지식도 알 수 있었다. 나는 그의 책을 읽기 전까지 윈스턴 처칠이 '노벨 문학상'을 받았다는 사실을 몰랐다. 이전까지는 처칠이 받은 노벨상이 당연히 '노벨 평화상'인 줄 알았다. 그래서 그의 이야기를 듣고 많이 놀랐고, 실제로 관련 자료를 찾아봤다. 처칠에게 노벨 문학상을 안겨준 작품은《제2차 세계대전》이었다. 비록 내가 처칠의 책을《제2차 세계대전》과《폭풍의 한가운데》단 2권밖에 읽지 못했지만 왜 노벨 문학상을 받았는지는 충분히 알 수 있었다.

윤상모 저자가 처칠에 관한 책을 쓸 수 있었던 것은 처칠 관련 책을 집중적으로 읽고, 이를 통해 전문가 수준의 지식이 쌓였기 때문이다. 이를 통해 그는《리더라면 처칠처럼》이라는 책을 출간하게 되었고, 베스트셀러가 되면서 이전과는 다른 삶을 살게 되었다. 윤상모 저자처럼 깊이 있는 독서를 할 필요가 있다. 하나의 주제와 관련된 책을 많이 읽으면 읽을수록 그 분야의 전문가가 될 수 있다. 하나의 주제라는 것은 '자존감', '재테크' 같은 분야가 될 수도 있고, '알랭 드 보통', '강원국' 같은 저자가 될 수도 있다.

관심이 가는 분야를 선택하라

깊이 있는 독서를 하려면 제일 먼저 현재 자신이 관심을 두는 분야가 어떤 것인지를 파악하는 것이 중요하다. 나는 2013년 '경제'에 관심을 가져서 '경제' 관련 책을 읽겠다고 결심했다. 그러던 중 케임브리지 대학교의 장하준 교수에 끌려서 그의 책을 석 달 동안 읽었다. 그때 읽었던 책이 《나쁜 사마리아인들》, 《그들이 말하지 않는 23가지》, 《사다리 걷어차기》, 《무엇을 선택할 것인가》 등이다.

나는 이전에 여러 차례 경제학 관련 책을 읽으려고 결심했지만 워낙 경제학에 문외한이라 읽다가 중간에 포기한 적이 많았다. 그러던 중 동생이 미국에 가기 전에 주고 간 《나쁜 사마리아인들》을 읽고는 경제학에 관심을 가지게 되었다. 이 책은 다른 경제학 책들에 비해 이해하기 쉬웠다. 이것이 계기가 되어 장하준 교수의 저서를 한 권 한 권 찾아서 읽게 되었다. 다른 경제서적들이 이론을 중심으로 설명했다면, 장 교수의 책은 사례를 들어서 설명해 지루하지 않았다.

그중 가장 기억에 남는 것이 '공기업'에 관한 것이었다. 그동안 나는 어째서 '공기업'은 매년 적자가 누적되면서도 부도가 나지 않고 운영되는지 이해가 안 갔다. 하지만 《나쁜 사마리아인들》을 읽고 나니 왜 그런지 이해할 수 있었다. '공기업'은 사기업과는 존재 이유와 목적이 다르다. 사기업은 철저하게 이윤을 추구하는 기업이다. 그래서 적자가 누적되면 회사가 위험해진다. 예를 들어 투자자들이 투자를 하지 않거나 은행에서 대출을 해주지 않는 등의 여러 가지 문제가 발생할 수 있다. 하지만 공기업은 다르다.

공기업은 중앙 정부나 지방 정부가 자본에 의해서 생산·유통·서비스를 하는 기업으로, 일반 사기업이 할 수 없는 일을 맡는다. 전기, 수도 같은 생활에 필수적인 분야를 주로 담당하는데, 이런 분야는 사기업이 맡기 어렵다. 일례로, IMF 때 한전을 매각하기 위해 '남동발전', '남부발전', '서부발전' 등 여러 자회사로 나누었지만 결국 인수하는 기업이

한 군데도 없었다는 점이 이를 증명한다.

나의 할머니 댁은 울산 울주군 외고산 옹기마을에서도 더 들어가야 하는 내고산에 자리하고 있다. 이곳에는 상수도 시설이 있지만 사용하는 사람들은 거의 없다. 깨끗한 지하수가 나오기 때문에 지하수를 식수로 사용하는 탓이다. 그리고 식수뿐만 아니라 일상생활에서도 지하수를 사용한다. 무더운 여름날 더위를 식히기 위해 등목을 할 때도 수돗물이 아니라 지하수를 이용한다. 등목을 해본 사람은 알겠지만 지하수가 수돗물보다는 훨씬 시원하다. 그럼에도 상수도를 설치한 이유는 물은 인간 생활에 없어서는 안 되기 때문이다.

만약 할머니 댁이 있는 마을의 상수도 건설과 관리를 사기업이 했다면 경제 논리 때문에 시공조차 하지 않았을 것이다. 설치와 유지보수 비용 때문에 적자가 난다면 사기업으로서는 투자를 할 이유가 없기 때문이다. 하지만 공기업은 공공의 이익을 우선시하기에 이윤에 상관없이 건설과 관리 전반을 맡는다. 그래서 대부분의 공기업은 태생부터 적자가 날 수밖에 없는 구조를 가지고 있다. 장하준 교수의 책 덕분에, 나는 다른 책에서는 결코 만날 수 없었던 경제 지식 일반을 아주 쉽게 이해할 수 있었다.

꾸준히 읽는 자만이 바뀔 수 있다

하나의 주제에 관련해서 여러 권의 책을 읽는 목적은 그 주제에 대해서 보다 깊은 이해를 하기 위해서다. 그렇다면 어느 정도 읽어야 그 주제에 대해서 깊이 이해할 수 있을까?

책도 음식과 마찬가지로 과하면 오히려 역효과가 발생한다. 책을 짧은 시간에 많이 읽으면 뇌가 감당하지 못한다. 한 달 동안 5권씩 꾸준히 읽는 것이 가장 효과적이다. 한 달이면 5권에 불과하지만 1년이 지나면 60권이 된다. 이것이 쌓이면 자신도 모르게 관심이 가는 분야에 대해서 깊이 이해하게 된다.

앞에서 소개한 윤상모 저자는 '처칠 리더십'에 관한 강의를 하고 있다. 그가 이렇게 강의를 하는 것은 처칠에 대해서 관심을 가졌고, 처칠에 대한 책을 꾸준히 읽은 덕분이다. 그렇지 않았다면 그는 '처칠 전문가'로 인정받지 못했을 것이다.

독서의 궁극적인 목적은 자신을 변화시키고 인생의 판을 바꾸는 것이다. 그러기 위해서는 독서를 통해 많은 것을 얻어야 하고, 관심이 가는 분야에서는 전문가 못지않은 지식을 갖춰야 한다.

다섯 분야를 고르고 각각 10권씩 고른다

나는 중학교 때까지 편식을 했다. 사는 곳이 바닷가였지만 생선을 거의 먹지 않았다. 특히 생선회는 고등학교 2학년 때 처음 먹어봤을 정도로 아예 입에 대지 않았다(하지만 지금은 생선회를 가장 좋아한다). 그래서 부모님에게 가장 많이 듣는 말이 “골고루 먹어라”라는 소리였다. 지금이야 음식을 골고루 먹으라는 소리가 성장에 필요한 영양소를 고루 섭취해야 한다는 말로 온전히 들리지만 어릴 때는 그러지 못했다. 그 말을 들을 때마다 ‘먹는 것도 내 맘대로 못하나’라는 반발심에 반항도 많이 했다. 이 때문이었을까? 나는 또래에 비해 몸이 약해서 병원에 자주 갔다. 그래서 학창 시절 단 한 번도 개근상을 타지 못했다.

독서도 마찬가지다. 특정 장르의 책만 읽으면 편식하는 것과 같다.

특히 어린 시절부터 음식을 골고루 먹어야 건강할 수 있듯이, 독서 초기에는 여러 장르의 책을 골고루 읽는 것이 좋다.

물론 음식도 개인마다 가장 좋아하는 음식이 있듯이, 책도 저마다 좋아하는 장르가 있게 마련이다. 나는 '역사책'과 '인문학 책'을 가장 좋아한다. 하지만 기본적으로는 여러 장르의 책을 읽는다. 그래야 여러 분야의 지식을 골고루 흡수할 수 있기 때문이다.

다섯 개의 장르를 선택하라

여러 장르의 책을 읽으라고 하면 대부분의 사람들이 당황해한다. 서점이나 도서관에 가면 소설도 '한국소설', '영미소설', '프랑스소설' 등으로 세분화되어 있다. 그래서 장르를 선택하는 것이 쉽지 않고, 몇 개의 장르를 선택해야 되는지 혼란스러울 수 있다. 나는 다섯 개의 장르를 선택하라고 조언한다. 이렇게 권유하는 이유는 다른 장르에 대한 적응력을 키우기 위해서다. 일단 다섯 장르의 책을 읽으면 나머지 장르를 읽을 때도 별로 부담되지 않는다.

나는 장르를 선택할 때는 '한국사', '서양사', '중국사' 등으로 세분화하기보다 '역사'라는 큰 틀에서 선택한다. 이렇게 하면 책을 고르는 데 선택의 폭을 넓힐 수 있어서 도움이 되기 때문이다. 그리고 장르를 선택할 때는 '자기 마음에 와닿는 장르'를 선택하자. 많은 사람이 좋아하는 장르라 하더라도 자신과 맞지 않을 수 있기 때문이다. 고민 끝에 나는 '인문', '과학', '역사', '경제·경영', '정치' 이렇게 다섯 장르를 선택했다.

장르당 10권, 다섯 장르의 책을 읽어라

깊이 있는 독서를 하려면 먼저 생각의 폭을 넓혀야 한다. 다양한 생각을 접해야 자기만의 생각을 정립할 수 있다. 그래서 독서를 하는 초기에는 장르당 10권씩 다섯 장르의 책을 읽는 것이 좋다.

나는 현재 '인문학 큐레이터'라는 브랜드를 가지고 활동하지만, 처음부터 인문학에 관심이 있었던 것은 아니다. 처음에는 장르를 가리지 않고 책을 읽었다. 오히려 인문학 책을 읽는 비중은 얼마 안 되었다. 그러다 안상헌 저자의 《인문학 공부법》을 읽고 나서 본격적으로 인문학 책을 읽기 시작했다.

이 책을 읽고 몇 달이 지난 후 한 강연에서 그를 만났다. 이 자리에서 나는 안상헌 저자에게 "인문학에 관심이 있는데 어떻게 공부를 해야 되는지" 물었다. 그러자 그는 인문학 책을 많이 읽어보라고 권하면서 속는 셈치고 자신의 저서에 나와 있는 대로 해보라고 했다. 그 덕분에 나는 이후부터 인문학에 관심을 가질 수 있었고, 집중적으로 인문학 책을 읽게 되었다.

이것은 마치 대학교에서 본격적인 전공 수업은 2학년 때 시작하고, 1학년 때는 전공에 필요한 기초 과목을 공부하는 것과 같다. 컴퓨터과학(Computer Science)을 전공한 나도 1학년 때는 본격적인 프로그래밍 공부를 하지 않았다. 이 기간 동안 전공에 필요한 수학, UNIX나 LINUX와 같은 운영체제 다루기, 전산학 기초 등 기초 과목을 공부했다. 독서도 처음부터 너무 깊이 들어가면 어려움을 느껴서 십중팔구 중간에 포기할 공산이 크다. 이것을 예방하기 위해서라도 쉬운 단계부터 차근차근 올라가야 한다. 초기에는 기초를 다지고 점점 단계를 높여서 깊이 있는 독서를 해야 한다.

초기에는 한 장르당 10권씩 읽기를 권한다. 여러 장르의 책을 읽어야 어느 장르가 자신에게 맞고 자신이 좋아하는 장르인지 파악할 수 있다. 또 한두 권만 읽어서는 그 장르가 진짜 자신이 좋아하는 장르인지를 파악할 수 없으므로 장르당 10권 정도는 읽어야 한다. 책에 따라 난이도가 다르기 때문에 쉬운 책을 읽고 그 장르에 관심을 가졌다가 실패하는 경우가 있다. 그래서 다양한 수준의 책을 고를 필요도 있다.

내가 역사 분야에 관심을 가지게 된 것은 역사 분야의 책을 많이 읽은 덕분이었다. 그렇다고 처음부터 역사에 관심이 있었던 것은 아니다. 학창 시절 역사 수업 시간에 시대별로 외울 것이 많아 역사를 그다지 좋아하지 않았다. 그러던 것이 독서를 시작한 후 여러 책을 읽다 보니 역사 분야에 자연스럽게 끌렸다.

장르당 10권, 다섯 장르의 독서는 독서의 기본기를 갖추기 위해 내가 제시하는 기준점이다. 마이클 조던, 크리스티아누 호날두, 리오넬 메시, 손흥민 등 세계적인 운동선수들은 한 가지 공통점을 가지고 있다. 모두 확실한 기본기를 다진 선수라는 것이다. 즉 기본기가 탄탄하게 갖춰졌기에 세계적인 선수로 성장할 수 있었다. 독서 역시 기본기가 없으면 제대로 할 수 없다.

가독성이 높은 책 10권을 고른다

내가 프로그래밍을 배울 때 처음부터 어렵고 복잡한 프로그램을 코딩한 것은 아니었다. 처음에는 쉽고 단순한 프로그램을 코딩했다. 쉽고 단순한 프로그램부터 코딩하는 것은 프로그래밍을 하기 위한 기초를 튼튼하게 다지기 위해서다. 기초가 튼튼하게 다져지면 아무리 어려운 프로그램을 코딩하더라도 포기하지 않고 끝까지 해낼 수 있다. 마찬가지로 독서를 시작할 때는 쉬운 책부터 읽어야 한다. 독서의 기초가 다져져 있으면 어려운 책도 포기하지 않고 끝까지 읽을 수 있다.

한 달 독서 계획을 세워라

율곡 이이가 《격몽요결》을 쓴 이유는 배움을 시작하는 사람들을 위해서였다.

> 내가 해산(海山: 현재 황해도 해주)의 남쪽에 거처를 정하자, 한두 명의 학도(學徒)들이 서로 따라와 배우기를 요청하니, 내가 스승이 될 만한 자질이 없는 것이 부끄러울 뿐만 아니라 초학자(初學者)들이 학문의 올바른 방향을 알지 못하고 또 견고한 뜻 없이 대충대충 배우고서 더 가르쳐주기를 요구하면 피차간에 도움 됨이 없고 도리어 남의 비웃음을 살까 두려웠다. 그 때문에 간략하게 책 한 권을 써서 뜻을 세우고, 몸을 가다듬고, 어버이를 봉양하고, 사람을 대하는 방법을 거칠게나마 서술하여 이름을 《격몽요결(擊蒙要訣)》이라고 하여 학도들이 이를 보고 마음을 깨끗하게 씻고 새롭게 출발하여 그날로 공부에 착수하게 하고 나 또한 오랫동안 그럭저럭 옛것을 답습하는 태도를 근심했는데 이로써 스스로 경계하고 반성하고자 한다.
>
> – 율곡 이이, 《격몽요결》 서문

《격몽요결》은 초보자용 책이다. 배움을 시작하는 사람이 읽을 책이라면 당연히 어려우면 안 된다. 그래서 율곡은 간략하게 썼다고 했다. 여기서 간략하게 썼다는 것은 초보자들이 이해하기 쉽게 썼다는 뜻이다. 《격몽요결》은 쉬운 내용으로 되어 있어 현대인들도 읽고 이해하는데 어려움이 없다. 2017년, Reading부산에서는 《격몽요결》을 읽고 토론하는 시간을 가졌다. 당시 참석한 10여 명은 모두 입을 모아 "읽고 이해하기 쉬웠다", "이렇게 이해가 잘되는 고전은 처음이다"라는 반응을 보였다.

Reading부산에서는 이전에도 《발해고》, 《소크라테스의 변명》 등 여러 가지 고전을 선택해서 읽고 토론한 적이 있었는데 그때마다 어렵다는 반응이 대부분이었다. 책의 내용이 어렵다고 생각하니 당연히 활발한 토론을 할 수가 없었다. 반면에 《격몽요결》을 읽고 토론할 때는 활발하게 토론이 진행되어서 당초 계획했던 3시간을 훌쩍 넘겼다. 《격몽요결》로 인해 '고전은 어렵다'는 편견을 깬 사람이 많이 늘었다.

읽기 편한 책 10권을 선택하라

독서할 시간이 확보되었다면 한 달 동안 몇 권의 책을 읽을지 정해야 한다. 한 달 동안 몇 권의 책을 읽는 것이 좋을까?

나는 독서를 시작하는 사람들에게 한 달 동안 쉬운 책 10권을 선정해서 읽으라고 권한다. 이제 막 독서를 시작하는 사람들에게 어려운 책을 선택하라고 할 수도 없고, 그들에게 부담을 줘서도 안 되기 때문이다. 그래서 편하게 읽을 수 있는 책 10권을 선택해서 한 달 동안 읽으라고 권한다.

독서를 시작하는 사람들 중에 가끔 나에게 '읽기 편한 책 10권을 어떻게 선정하는지'에 대해 묻는 사람들이 있다. 이런 질문을 받을 때는 만화책부터 읽으라고 조언한다. 만화책부터 읽으라고 하면 의아해하는 사람이 많다. 이에 대한 답은 만화가 이현세의 저서 《인생이란 나를 믿고 가는 것이다》에 언급되어 있다. 그는 "군사정권 시절 만화책을 나쁜 책으로 규정하고 만화책에 대해서 대대적으로 단속했던 것이 사람들의 뇌리에 고정관념으로 잡혀 있기 때문"에 사람들이 만화책에 대해 부정적이라고 했다.

만화책은 나쁜 책도 아니고 특정 연령대에 있는 사람만 읽는 책도 아니다. 가령《만화 병자호란》이나《만화로 보는 맨큐의 경제학》같은 책은 성인이 읽어도 좋은 책이다. 게다가 만화로 된 책은 문자로만 된 책보다 쉽게 설명되어 있어 독서의 기초를 다지는 데 효과적이다. 그래서 독서를 시작하는 사람들에게 나는 주저 없이 만화책을 추천한다.

만화책 외에도 추천할 만한 책은 자기계발서와 에세이다. 자기계발서와 에세이는 초보자도 이해하기가 쉽게 구성되어 있다. 그래서 독서 초보자들이 읽기에 어려움이 없다.

장르를 막론하고 책을 선택하는 방법 중 가장 편한 방법은 스마트폰을 이용하는 것이다. 서점의 홈페이지에 접속하면 베스트셀러, 스테디셀러, 신간 등이 보기 편하게 분류되어 있으므로 이를 십분 참고하라. 책 표지를 보고 결정해도 좋고, 서점의 소개 글을 읽고 결정해도 좋다. 출판사가 작성한 보도자료와 서점 담당자의 리뷰 글을 읽으면 책을 선택하는 데 도움을 받을 수 있다.

또 각 신문사의 주말판에는 책을 소개하는 세션이 있다. 이것을 참조하면 신간 중심의 책을 선택하는 데 도움이 된다. 단 이때는 여러 개의 언론사를 함께 살펴보기를 권한다. 언론사마다 소개하는 책의 분야가 다르므로, 선택의 폭을 훨씬 넓힐 수 있다.

이렇게 한 달 동안 쉬운 책 10권을 읽고 나면 독서하는 습관의 기초를 다질 수 있다. 나도 처음 독서를 했을 때 한 달 동안 10권의 책을 읽는 것으로 시작했다. 한 달 동안 10권을 읽으니 출퇴근 시간이나 주말에 외출할 때 항상 가방 속에 책을 넣고 다니게 되었다. 가방 속에 책을 넣고 다니면서 언제 어디서든 책을 읽었다. 이것을 6개월 이상 계속하다 보니 자연스레 몸에 배게 되었다.

5장

1년 100권
STEP 2
30일 10권 읽기

미루지 말고 오늘부터 시작한다

어떤 일을 하기로 마음먹었으면 미루지 말고 지금 즉시 시작하는 것이 중요하다. 지금 즉시 시작하지 않고 미루다 보면 해야 될 일이 쌓이고 쌓인다. 이렇게 되면 쌓여 있는 일이 부담이 되어 아예 시작조차 하지 못하는 경우가 허다하다. 또한 한번 미루기 시작하면 미루는 것이 습관이 된다.

독서를 하기로 마음먹었으면 즉시 시작하라. 만약 1년에 100권을 읽기로 결심했다면 지금 당장 카운트를 시작하자. 그러면 오늘부터 3일이 지나면 1권을 읽을 수 있게 된다. 이것을 미루다 보면 여유가 없어지고 조금씩 책이 밀려 하루에 2~3권 이상을 읽어야 하는 상황이 발생할 수 있다. 이런 상황이 되면 책 읽는 것이 부담되어 시작조차 할 수 없게 된다. 그래서 결심했다면 즉시 시작해야 한다. '내일 해야지!'라는 생각은 버리자. 영원히 시작할 수 없을 테니까.

책꽂이에 있는 책부터 읽어라

독서를 하겠다고 마음먹었으면 즉시 책꽂이에 꽂혀 있는 책 중 마음에 드는 책을 골라 읽어라. 책꽂이에 있는 책을 골라 읽으라는 것은 '지금 즉시 실행하라'는 의미다. 도서관이나 서점에 가서 책을 고르다 보면 어느 책을 선택해야 할지 결정을 내리지 못하는 경우가 많다. 이렇게 되면 책 고르는 것 자체를 포기할 수도 있다. 이런 것이 반복되다 보면 독서를 시작하지 않을 확률이 높다.

책꽂이에 꽂힌 책 중 한 권을 읽으라는 또 다른 이유는 책꽂이에 꽂힌 책은 어려운 책이 아니기 때문이다. 사람들은 대개 자신이 주로 생활하는 방에 어려운 책을 꽂아두지 않는다. 내 방 책꽂이에도 300권이 넘는 책이 꽂혀 있는데 모두 최소 세 번 이상은 읽은 책이다.

어려운 책은 한 번 읽고 난 이후에 다시 읽는 것이 쉽지 않다. 특히 서양 철학책이 그렇다. 동양 철학이 '충, 효' 같은 현실적인 것을 탐구하는 데 비해 서양 철학은 '이데아(idea)' 같은 이상적인 것을 다루기 때문에 이해하기가 어렵다. 그래서 다시 읽을 엄두가 나지 않는다. 나 또한 어려운 책은 다른 방에 따로 보관하고 필요할 때 꺼내서 읽는다.

내 방에 어려운 책을 두지 않는 이유는 쉽게 선택하기 위해서다. 나는 출퇴근할 때나 외출할 때 반드시 책을 한 권 가지고 간다. 이동 시간 지하철 안에서 책을 읽기 위해서다. 지하철 안에서 책을 읽으려면 아무래도 어려운 책보다는 쉬운 책이 좋다. 또 출퇴근할 때나 외출할 때는 시간이 없으므로 책을 선택하는 시간을 줄여야 한다. 그래서 내 방 책꽂이에는 고민하지 않고 바로 선택할 수 있는 책이 꽂혀 있다.

10권만 채우면 쉬워진다

책꽂이에 있는 책 한 권을 다 읽었다면 곧바로 책꽂이에 꽂힌 다른 책을 골라서 읽어라. 독서를 시작한 초기에는 눈에 보이는 책 중에서 몇 권을 골라서 읽는 것이 좋다. 독서를 하는 데 익숙해지려면 10권 정도는 꾸준히 읽어야 한다. 10권 정도 꾸준히 읽으면 독서하는 습관의 기초를 다질 수 있다.

내가 본격적으로 독서를 시작했을 때 100일 동안 33권 읽기 미션을 하면서 첫 책으로 선택한 것이 생텍쥐페리의 《야간 비행》이었다. 내 방에 있는 책 중 가장 먼저 눈에 들어와서 선택했다. 이 책을 읽은 후 다음 책은 스펜서 존슨의 《누가 내 치즈를 옮겼을까?》, 《성공》, 《선물》 이었다.

나는 독서의 흐름이 끊기지 않도록 신경 썼다. 특히 초보 독서자들은 한번 독서의 흐름이 깨지면 되돌리기가 어렵다. 그래서 흐름을 유지하는 것이 무엇보다 중요하다. 독서가 어느 정도 습관으로 자리 잡은 사람은 흐름이 끊기더라도 쉽게 다시 책을 집어들 수 있다.

첫 10권은 책꽂이에 있는 책을 즉시 선택하자. 서점이나 도서관에 가서 책을 선택하는 것은 독서 습관이 몸에 밴 후에 해도 늦지 않다. 집에 정말 책이 없는 경우는 도서관에 가는 것을 추천한다. 이때도 눈에 띄는 책을 고르는 것이 좋다. 내가 서점보다 도서관을 추천하는 이유는 도서 반납 기간이 있기 때문이다. 반납 기간 내에 책을 다 읽어야 한다는 제재가 독서하는 습관을 들이는 데 도움이 된다.

주변 사람들에게 독서 계획을 알린다

나는 독서를 습관화하려면 '작심삼일(作心三日)'을 반복하라고 말한다. 작심삼일이란 결심을 하고 얼마 되지 않아 흐지부지되는 경우를 이르는 말이다. 우리가 결심하는 일이 대개 작심삼일로 끝나는 것은, 사람들이 무슨 일을 결심하고 그것을 이루기까지는 오랜 시간이 걸리기 때문이다.

5년 전 나는 멋진 복근을 만들고 싶어 집 근처 피트니스 센터에 등록하고 웨이트트레이닝을 열심히 하겠다고 결심했다. 처음 등록할 때만 해도 쉽게 복근을 만들 수 있으리라 생각했다. 하지만 초반에는 복근이 만들어지기는커녕 오히려 체중이 줄어서 내 모습이 볼품없게 변했다. 이 모습을 보고 '내가 운동을 잘못된 방법으로 했나?' 하는 생각이

들었다. 그래서 트레이너에게 고민을 털어놓더니 이해한다는 듯 웃으면서 "초기에는 살이 빠지는 게 정상이에요. 필요 없는 지방을 다 태워야 근육을 만들 수 있어요"라고 말했다. 그리고 "이것 때문에 포기하는 사람들이 많아요. 그런데 근육을 만들려면 최소 1년 이상 꾸준히 운동을 해야 됩니다. 고비만 넘으면 됩니다"라고 덧붙였다.

트레이너의 말을 듣고 난 후 나는 그가 자신의 피트니스 센터를 홍보하기 위해 그렇게 말한 거라고 생각했다. 그래서 대학교에서 체육학 강의를 하는 당숙에게 또다시 물어봤다. 당숙의 말도 트레이너의 말과 같았다. 근육을 만들려고 웨이트트레이닝을 열심히 하다가 얼마 안 가 볼품없이 변한 모습을 보고는 포기하는 사람이 많다고 일러주었다.

"운동 효과를 제대로 보려면 꾸준히 하는 것이 중요해. 그러기 위해서는 결심이 흔들리지 않도록 주변 사람한테 말하는 것이 좋아."

당숙에게서 확인을 받고 난 뒤, 나는 주변 사람에게 선포했다. 그러고는 '작심삼일'이라는 말을 듣기 싫어서 꾸준히 했고, 드디어 원하던 복근을 만들 수 있었다.

'선포'의 효과는 독서에도 적용된다. 독서를 통한 변화도 운동과 마찬가지로 천천히 나타난다. 게다가 독서는 운동처럼 효과를 직접 눈으로 확인할 수 있는 것이 아니다. 그래서 책을 읽겠다고 결심해놓고도 이를 끝까지 지키는 사람은 소수에 지나지 않았다. 예전에 결심을 끝까지 지킨 이들과 이야기할 기회가 있었는데, 그들의 공통점은 모두 주변 사람에게 자신의 결심을 선포했다는 점이었다.

자신과 한 약속을 지켜라

나는 주변 사람들에게 독서하겠다고 선포한 후 효과를 톡톡히 보았다. 당시 나는 6개월 동안 인문 고전 20권을 읽겠다며 독서 토론을 같이 하던 사람들에게 공공연히 말했다. 사람들은 무모하다고 말했지만 나는 '성공할 수 있다'고 큰소리쳤다. 그리고 읽을 책 20권을 선정해서 공개했다.

내가 선정한 책 중에는 읽기에 무난한 책도 있었지만, 제법 어려운 책도 있었다. 어려운 책을 읽을 때는 솔직히 포기하고 싶은 생각도 여러 번 들었다. 특히 칸트의 《순수이성비판》을 읽을 때는 포기하고 싶은 생각이 굴뚝같았다. 사실 이 책 때문에 주변 사람들이 실패할 것이라 확신했다. 이 책은 책도 두껍고 내용도 어려워 도저히 이해할 수가 없었다. 게다가 진도가 너무 나가지 않아서 계획에 큰 차질을 빚을 것 같았다.

몇 번이나 포기하려고 했지만 사람들에게 큰소리친 일이 있어서 도저히 포기할 수가 없었다. 그들과의 약속도 약속이지만 나 자신과 한 약속이기에 절대 포기할 수 없었다. 그래서 끝까지 하게 되었고, 20권을 다 읽었을 때 큰 성취감을 느꼈다. 그리고 주변 사람들에게도 독서 노트를 보여주며 결과를 알렸다.

처음 주변 사람에게 선포해서 그것을 성공하고 나니, 두 번째부터는 선포하는 데 두려움이 없어졌다. 그리고 실패에 대한 두려움도 사라졌다. 내가 독서 계획을 주변 사람에게 선포하는 데에는 또 다른 이유도 있다. 바로 언행일치를 보여주려는 의도다. 말과 행동이 일치하지 않으면 주변 사람들로부터 신뢰를 받을 수 없다. '말과 행동을 같이 하겠다'는 다짐이야말로 나의 계획과 선포를 실행에 옮길 수 있는 추동력이 된다.

선포는 정상으로 가는 출발점이다

자신의 독서 계획 선포는 위대한 여정에 한 걸음을 내딛는 일이다. "1년에 100권을 읽겠다"라고 선포한다면 "너무 바빠서", "책을 선택하기가 어려워서" 등 이런저런 핑계를 대며 중간에 포기하지 않을 수 있다.

책을 읽다 보면 건강이 안 좋거나 개인 사정으로 계획에 차질이 생길 수 있다. 그러나 이것은 끝이 아닌 휴식일 뿐이다. 휴식을 끝마치고 다시 시작하면 힘을 얻어서 성공하는 경우가 많다. 이것은 자신이 목표를 향해 가는 과정 하나하나에 최선을 다했기 때문이다. 그래서 잠시 쉬어가더라도 주변 사람들이 이해해줄 수 있다. 이것이 바로 언행일치의 효과다.

독서는 히말라야의 고봉을 오르는 것처럼 어렵고 지난한 일이다. 목표를 이루어가는 길목마다 어려움을 마주칠 수 있는 도전이다. 시련이 다가와도 포기하지 않고 끈기 있게 인내해야 원하는 목표에 도달할 수 있다. 주변 사람들에게 선포함으로써 자신이 목표로 가는 출발점에서 있음을 공개적으로 드러내자.

책 읽을 시간을 확보한다

독서를 꾸준히 하려면 책 읽는 시간을 확보하는 것이 급선무다. 현대인들은 바쁜 일상생활로 인해 독서하는 시간을 확보하는 것이 쉽지 않다. 오늘날은 조선 시대 선비들처럼 하루를 온전히 책 읽는 데 쓰기가 불가능하다. 그래도 하루에 독서로 몇 시간을 할애할지 정하고 그 시간만큼은 오롯이 집중해보자.

그렇다면 하루 중 어느 시간이 독서하는 데 가장 좋을까? 독서하기에 가장 좋은 시간은 자투리 시간이다.

잠자기 전 한 시간을 활용하라

자투리 시간 중 어떤 방해도 받지 않는 시간을 꼽으라면 잠자기 전

1시간을 꼽을 수 있다. 일반적으로 잠자기 전 1시간은 대개 하루를 마무리하는 데 사용한다. 독서는 스트레스를 푸는 데 도움을 주므로 독서로 하루를 마무리하면 이보다 좋을 수 없다.

> 영국 서섹스 대학교의 데이비드 루이스 박사 연구팀은 독서, 산책, 음악 감상, 비디오 게임 등 각종 스트레스 해소 방법들이 스트레스를 얼마나 줄여주는지를 측정했다. 그 결과, 6분 정도 책을 읽으면 스트레스가 68% 감소됐고, 심박 수가 낮아지며 근육 긴장이 풀어지는 것으로 나타났다. 음악 감상은 61%, 커피 마시기는 54%, 산책은 42% 스트레스를 줄이는 것으로 밝혀졌다. 비디오 게임은 스트레스를 21% 줄였지만, 심박 수는 오히려 높아진 결과를 보였다.
> 이 연구 결과를 바탕으로 데이비드 루이스 박사는 영국 일간 텔레그래프와의 인터뷰에서 "무슨 책을 읽는지는 중요하지 않으며 작가가 만든 상상의 공간에 푹 빠져, 일상의 걱정 근심으로부터 탈출할 수 있으면 된다."고 했다.
>
> – 〈매일경제신문〉 (2015. 5. 25.)

책에 집중하면 자연스레 스트레스를 받은 일로부터 멀어져서 스트레스가 줄어들기 때문에 잠자기 전 1시간의 독서는 또한 숙면에 도움이 된다. 나도 독서를 하면서 잠자기 1시간 전에 독서를 한 경우와 그렇지 않은 경우를 비교해보면 독서를 하고 잠자리에 들었을 때가 훨씬 개운했다.

출퇴근 시간을 이용하라

대중교통으로 출퇴근한다면 이 시간을 활용해 독서하면 좋다. 다만 출퇴근 시간에 서서 갈 경우에는 편하게 책 읽기가 어려울 수 있다. 특히 서울 지하철 2호선과 9호선으로 이동하는 직장인이라면 지하철에서 책을 꺼낼 엄두가 안 날 수 있다. 그렇다 하더라도 운 좋게 자리에 앉는다면 단 몇 분이라도 책을 펼치고 읽을 수 있으니 가방에 책 한 권은 꼭 넣어다니기를 권한다.

나는 사는 곳이 지하철 종착역 부근이라 40분 정도 앉아서 갈 수 있어서 이 시간에 책을 읽었다. 그리고 퇴근할 때는 덜 복잡한 시간에 가면 어렵지 않게 자리에 앉아서 책을 읽을 수 있다.

또 한 가지 방법은 퇴근 후 자유 시간을 활용하는 것이다. 집에 가는 길에 분위기 좋은 카페에 들러 책을 읽고 가도 좋고, 회사에 남아 읽던 분량을 마저 읽어도 좋다. 그중 나는 카페에서 책 읽기를 권하고 싶다. 나도 퇴근 후 약속이 없는 날이면 자주 카페에 가서 책을 읽곤 한다. 스트레스는 즉시 푸는 것이 중요한데 퇴근 후 카페에서의 일독은 매우 효과적이다.

평일에는 잠자기 전 1시간이나 출퇴근 시간을 독서 시간으로 할애하는 것이 가장 좋다. 주말이나 휴일 같은 경우는 평일보다는 자유롭게 쓸 수 있는 시간이 많으므로 마음 편히 각자 자유롭게 읽자.

주말과 휴일의 오전 시간을 활용하라

일반적으로 주말이나 공휴일에는 오후 시간에 약속을 잡기 마련이다. 나 역시 주말에는 특별한 일이 아니고서는 오후 시간대에 약속을 잡는다. 그래서 대개 오전 시간은 비어 있다. 바로 이 시간을 독서에 활용하자. 주말 오전에는 청소와 빨래를 하기 바쁘지만, 그래도 책 읽는 시간을 뺄 수는 있다. 길게 잡을 필요도 없다. 각자 사정에 맞게 1시간에서 3~4시간까지 자유롭게 쓰면 된다.

휴일 오전은 온전히 자기만의 시간으로 갖자. 일단 독서 습관을 들이려면 독서를 지속적으로 하는 것이 중요하다. 주말이나 휴일이라고 해서 독서를 쉬면 흐름이 끊겨서 지속적으로 할 수 없다.

약속 장소에 일찍 나가서 책을 읽어라

약속 시간 전 30분도 책 읽기에 매우 훌륭한 시간이다. 나는 대개 약속 시간보다 30분 정도 먼저 도착해 지인이 올 때까지 책을 읽는다. 만약 4시에 약속을 잡았다면 약속 장소 부근에 3시 20분~30분에 도착해 근처 카페에 들어가 책을 읽는다. 이를 위해서는 약속을 정할 때 넉넉하게 잡아야 한다. 단 몇 분이라도 좋으니 책을 읽어보라.

자투리 시간이 쌓이고 쌓이면 1년에 몇 권의 책을 읽을 수 있다. 독서 시간 만들기는 사람 하기 나름이다. "책 읽을 시간이 없다"는 것은 자신을 합리화하는 핑계에 불과하다. 책을 읽을 시간이 없는 것이 아니라 그 시간을 확보하지 못하는 것이다. 독서를 통해 한 단계 성장하고 싶다면 지금 즉시 독서할 수 있는 시간부터 확보하자.

한 달간 읽을 10권의 도서 목록을 작성한다

내 지인 중 한 사람은 3년 동안 꾸준하게 다이어트를 해서 약 40킬로그램을 감량했다. 다이어트를 하기 전 그의 몸무게는 120킬로그램이 넘었다. 그는 몸무게 때문에 엘리베이터를 탈 때마다 심하게 긴장했다고 한다. 혹시라도 인원 초과를 알리는 삐 소리가 들리면 엘리베이터에 탄 사람들이 보내는 무언의 눈초리에 말없이 내릴 때도 많았다고 했다.

이런 일을 여러 차례 겪다 보니 그는 사람이 많이 타고 있는 엘리베이터에 오르는 일이 두려워졌다고 했다. 심지어 몸무게 스트레스로 탈모까지 생겼다고 했다. 그래서 엘리베이터를 마음 편히 타려고 독하게 마음먹고 다이어트를 시작했다고 한다.

나는 체중 감량에 성공한 그에게 비법이 뭐냐고 물었다. 나의 질문에 그는 다이어리를 보여줬다. 다이어리에는 다이어트 계획과 운동 방법이 빼곡히 적혀 있었다. 아침에는 채소즙, 점심은 정상적인 식사, 저녁은 밥 반 공기와 닭가슴살 샐러드 등 매일의 식단이 적혀 있었다. 그리고 러닝머신 1시간, 사이클 1시간, 복근 운동, 어깨 운동 등 무산소 운동 30분과 같이 매일의 운동 목록도 함께 적혀 있었다.

그는 "꾸준히 하려면 다이어리에 오늘 할 운동을 기록하고 그대로 실천하는 것이 중요하다"고 강조하며 "지금도 체중을 유지하기 위해서 이렇게 한다"고 덧붙였다. 계획을 짜는 것은 운동뿐만 아니라 책 읽기에서도 유용하다.

파워 독서의 시작은 목록 쓰기

독서를 시작할 때 가장 먼저 할 일은 도서 목록 작성이다. 이때 '읽고 싶은 책' 위주로 작성하는 것이 중요하다. 다른 사람들이 어려운 책을 선택하니까 따라서 선택하는 경우가 있는데, 이런 경우 대부분 중간에 포기하게 된다. '내가 읽고 싶은 책'은 자신이 흥미를 가지는 분야여서 읽기 편하다.

'100일 33권 읽기 미션'에 도전했을 때 내가 가장 먼저 했던 것이 읽을 도서 목록 작성이었다. 이때 나 역시 읽고 싶은 책 위주로 목록을 작성했다. 참고로 내가 작성한 도서 목록은 다음과 같다.

1. 조윤제, 《말공부》
2. 알베르 카뮈, 《이방인》

3. 김새해, 《내가 상상하면 꿈이 현실이 된다》

4. 임원화, 《하루 10분 독서의 힘》

5. 데일 카네기, 《성공대화론》

6. 이현세, 《인생이란 나를 믿고 가는 것이다》

7. 차동엽, 《천금말씨》

8. 호아킴 데 포사다, 《피라니아 이야기》

9. 차동엽, 《희망의 귀환》

10. 차동엽, 《무지개원리》

11. 맹자, 《맹자》

12. 손무, 《손자병법》

13. 데일 카네기, 《자기관리론》

14. 데일 카네기, 《인간관계론》

15. 혜민, 《멈추면 비로소 보이는 것들》

16. 찰스 디킨스, 《두 도시 이야기》

17. 니시자와 야스오, 《버팀목이 되어주는 33 이야기 90 명언》

18. 니콜로 마키아벨리, 《군주론》

19. 크리스토프 앙드레, 《살아갈 용기》

20. 모치즈키 도시타카, 《당신의 소중한 꿈을 이루는 보물지도》

21. 설민석, 《전쟁의 신, 이순신》

22. 다카이치 아라타, 《가슴 뛰는 상상을 즐겨라》

23. 윤태익, 《간절함이 답이다》

24. 진희정, 《내 인생 최고의 조언》

25. 서은국, 《행복의 기원》
26. 존 크럼볼츠, 라이언 바비노, 《천 개의 성공을 만든 작은 행동의 힘》
27. 박웅현, 《여덟 단어》
28. 이이화, 《한국사 이야기 16 (문벌정치가 나라를 흔든다)》
29. 로버트 노직, 《무엇이 가치 있는 삶인가》
30. 마이클 센델, 《정의란 무엇인가》
31. 빅터 프랭클, 《죽음의 수용소에서》
32. 마크 트웨인, 《톰 소여의 모험》
33. 마크 트웨인, 《허클베리 핀의 모험》

읽을 도서의 목록을 작성하면 절반은 성공한 것이나 다름없다. 나머지 절반은 책 읽기에 집중하면 된다. 그런데 많은 사람이 도서 목록을 작성하고도 책을 어떤 순서대로 읽을지 고민을 한다. 가장 좋은 방법은 '끌리는 책부터 읽는 것'이다. 다음은 《거인의 말》의 저자 안상헌의 도서 목록이다.

1. 양운덕, 《미셸 푸코》
2. 김용수, 《지크 리캉》
3. 제임스 알렌, 《인생 연금술》
4. 최윤규, 《관점, 다르게 보는 힘》
5. 안광복, 《처음 읽는 서양 철학사》

6. 강신주, 《철학이 필요한 시간》

7. 플라톤, 《소크라테스의 변명》

8. 장 폴 샤르트르, 《구토》

9. 장 폴 샤르트르, 《존재와 무》

10. 장 폴 샤르트르, 《실존주의는 휴머니즘이다》

11. 니체, 《차라투스트라는 이렇게 말했다》

12. 고병권, 《니체의 위험한 책, 차라투스트라는 이렇게 말했다》

13. 노자, 《도덕경》

14. 장자, 《장자》

15. 신영복, 《강의》

16. 장석주, 《느림과 비움의 미학》

17. 공자, 《논어》

18. 맹자, 《맹자》

19. 니콜로 마키아벨리, 《군주론》

20. 한비자, 《한비자》

21. 이솝, 《이솝우화》

22. 프란츠 카프카, 《꿈 같은 삶의 기록》

23. 정호승, 《슬픔이 기쁨에게》

24. 자와할랄 네루, 《세계사 편력》

25. 이기백, 《한국사 신론》

26. 변태섭, 《한국사 통론》

27. 사마천, 《사기열전 1,2》

28. 사마천, 《사기본기》

29. 김영수, 《난세에 답하다》

30. 조지프 캠벨, 《신화의 힘》

31. 조지프 캠벨, 《신화와 인생》

32. 호메로스, 《일리아스》

33. 호메로스, 《오딧세이아》

34. 제롬 데이비드 셀린저, 《호밀밭의 파수꾼》

35. 법정, 《무소유》

36. 김찬호, 《돈의 인문학》

37. 세네카, 《세네카 인생론》

38. 빅터 프랭클, 《죽음의 수용소에서》

39. 빅터 프랭클, 《의미를 향한 소리 없는 절규》

40. 빅터 프랭클, 《삶의 의미를 찾아서》

안상헌은 인문학 관련 강의를 많이 하는데 그때마다 자신의 독서법을 소개한다. 인문학 도서일 경우에는 크게 '철학/문학/역사'로 파트를 나누고 저자를 중심으로 여러 권을 선택해서 읽고 자신의 생각을 노트에 적는다. 가령 철학이라면 철학자 한 명을 정해서 관련 책을 읽고 노트를 작성하는 식이다. 소설을 읽을 때는 관계도를 그려서 등장인물의 관계와 흐름을 파악한다. 이런 식으로 그는 자신만의 독서법을 완성했다.

읽고 싶은 책부터 읽어라

도서 목록을 작성한 후 책을 읽을 때는 우선 가장 읽고 싶은 책부터 읽는 것이 좋다. 읽고 싶은 책부터 읽으면 책을 읽는 데 부담이 덜해서 꾸준히 책을 읽는 데 도움이 된다. 이것은 나와 안상헌 저자가 공통으로 경험한 독서 방법이다. 일반적으로 읽고 싶은 책은 읽기에 부담 없는 책이리라.

나에게 가장 끌렸던 책은《톰 소여의 모험》이었다. 나는 이 책을 먼저 읽고 그다음 책을 읽는 과정을 반복했다. 그러다 보니 마지막까지 남은 책이《정의란 무엇인가》와《군주론》이었다.

나는《정의란 무엇인가》와《군주론》을 각각 1주일에 걸쳐 읽었다. 내가 이 2권을 읽는 데 2주일의 시간을 확보할 수 있었던 것은 가장 읽고 싶은 책부터 읽은 덕이 크다.《톰 소여의 모험》과《허클베리 핀의 모험》이 너무 재미있어서 하루 만에 2권을 다 읽었다. 이 밖에도 하루에 2권을 읽은 것이 서너 차례 되었다. 이렇게 함으로써 어려운 책을 읽을 충분한 시간을 확보할 수 있었고, 이것이 결국 미션 성공으로 이어졌다.

나는 최근 '피터 드러커'를 알기 위해 그의 저서를 석 달간 10권 읽기로 계획하고 도서 목록을 작성했다. 그리고 가장 끌리는 책인《피터 드러커의 자기경영노트》부터 읽고 있다. 자신의 흥미에 따라 도서 목록을 작성해보자.

같은 책을 읽고 의견을 공유하는 경험을 해본다

친구와 수다를 떨거나 업무상 만나는 사람과 가볍게 잡담을 나눌 때 영화나 드라마는 좋은 소재가 된다. 특히 영업을 하는 사람들은 굳이 흥미가 없더라도 반쯤은 의무감에 챙겨보기도 한다. 그런데 이런 소재의 중심에 책이 자리하는 경우는 거의 없다. 왜 책은 이야기의 중심이 될 수 없을까?

여러 가지 이유가 있겠지만, 가장 큰 이유는 사람들이 책을 읽지 않기 때문일 것이다. 책 이야기를 하려고 해도 도통 아는 것이 없고, 상대 역시 마찬가지다 보니 책 자체가 편안한 이야깃거리가 될 수 없는 것이다.

사람들이 너 나 할 것 없이 자유롭게 이런 책, 저런 책 이야기를 마음껏 꺼낼 수 있는 자리가 많아질수록 책 읽는 사람이 늘어날 것이다. 아무 책이나 마음껏 읽고 아무 책이나 대화의 소재가 될 수 있을 때, 사람들은 독서에 대한 부담감을 버리고 책을 편하게 읽을 수 있을 것이다.

사람을 만난 자리에서 책 이야기를 한다면 서로에게 동기부여가 된다는 장점이 있다. 나는 Reading부산 모임 사람들과 책 이야기를 자주 나눈다. 다들 직장인이라 오프라인에서 만나기는 어려워도 온라인에서는 얼마든지 만날 수 있으므로 우리 모임의 책 이야기 시간은 자유롭다. 내가 개설한 Reading부산 밴드에서는 자신이 읽은 책을 소개하고, 책에 대한 이야기를 자유롭게 나눌 수 있다.

얼마 전에는 한 멤버가 알랭 드 보통의 《여행의 기술》을 읽고 느낀 점을 올렸다. 알랭 드 보통은 이 책에서 "여행은 장소적인 문제가 아니라 심리적인 문제"라고 주장한다. 그 멤버는 이 책을 읽고 자신만의 행복한 여행 방법에 대해서 이야기를 나눠보자고 제안했다. 그 제안에 "여행은 고생하는 것이다", "여행은 단순해야 한다", "무계획적인 여행이 좋다" 등 여러 가지 의견들이 올라왔다.

독자와 독자가 만나 각자의 생각을 공유하는 것은 독서의 연장이라 할 수 있다. 책에 대해 이야기함으로써 책을 더 넓고 깊게 읽을 수 있기 때문이다.

독서 친구를 만들어라

어려운 일을 겪었을 때 옆에서 마치 내 일처럼 생각하고 헤쳐 나갈 수 있도록 도와주는 친구가 있으면 든든하다. 책 읽기도 마찬가지다. 독서는 여러 명이 같이할 때 더 효과적이다. 자신이 어떤 책을 어떻게 읽었는지, 그 책이 자신에게 어떤 감동과 교훈을 주었는지 함께 공유할 수 있는 것만으로 많은 것을 얻을 수 있다. 나아가서 다른 사람들과의 의견 교환을 통해 자신이 미처 생각하지 못한 부분을 찾을 수 있다. 이를 통해 세상을 바라보는 시선을 넓힐 수 있다.

독서 친구를 만들면 자연스럽게 독서 모임으로 이어질 수 있다. 독서 모임을 하면 혼자서 책을 읽을 때보다 독서를 체계적으로 할 수 있다. 특히 한병철의 《타자의 추방》, 최장집의 《민주화 이후의 민주주의》처럼 평소에 혼자 읽기 어려웠던 책들을 읽을 수 있다. 이런 책은 관련 분야를 전공한 사람들도 어려울 수 있다. 이런 책으로 토론할 때 하나의 키워드를 선정하기보다 참석자들의 생각과 느낌 위주로 이야기하도록 진행하면 좋다.

우리나라의 대표적인 독서 모임으로 '트레바리'와 '북 커뮤니티 사과'를 꼽을 수 있다. 이들 모임은 참석하는 인원도 많고 오랜 기간 모임을 지속해왔다는 공통점이 있는데, 그뿐 아니라 저마다의 특색도 있다.

'트레바리'는 '세상을 더 지적으로, 사람들을 더 친하게'를 모토로 하는 독서기반 커뮤니티다. 이 모임은 4개월 단위 시즌제로 운영되며 읽고, 쓰고, 말하는 과정을 포함한다. 책 한 권을 읽는 것으로 끝나는 것이 아니라 이를 통해 멤버 간의 생각을 공유하고, 자신의 생각을 글로 쓰는 시간을 갖는다. 그리고 이를 통해 자신을 변화시키는 것이 목적이다. 물론 자신을 변화시키는 것은 4개월로 부족하지만 토대를 닦을 수 있다.

'북 커뮤니티 사과'는 부산을 기반으로 한 모임이다(참고로 '트레바리'는 서울을 기반으로 한다). 그래서 지역 문화에 관심이 많다. 지역 작가를 초청한 강연, 지역 문화 콘텐츠 협력 등이 이 단체가 주관하는 대표적인 행사다. 이 모임도 상반기와 하반기, 1년에 두 차례 시즌제로 운영된다. 모임에서는 책을 읽고 토론을 한다. 세부적으로는 베스트셀러, 올해의 소설 등 테마별 모임, 장르별 모임이 있다.

독서 모임을 직접 만들어도 좋다. 독서 모임을 만들면 온라인에서도 책 이야기를 나눌 수 있다. 내가 밴드를 만든 것은 멤버끼리 서로 책을 통해서 친해지고 한 단계 더 성장하기 위함이 목적이었다. 독서 모임을 시작한 초창기에는 밴드에 책 이야기를 올리는 것이 부담스러워서 책에 대한 글이 많이 올라오지 않았다. 하지만 꾸준히 모임을 하고 책에 대한 글을 올리다 보니 어느새 많은 멤버가 자신이 읽은 책에 대한 감상을 올리고 다른 멤버들과 생각을 교환하기 시작했다. 이렇게 꾸준히 하다 보면 서로 간에 의견 교환을 통해서 한 단계 더 성장할 수 있다.

책을 추천하라

함께 책을 읽으면 좋은 점은 서로가 서로에게 자신이 읽을 책을 추천해줄 수 있다는 것이다. 얼마 전 내가 운영하는 독서 모임의 한 멤버가 《화성에서 온 남자 금성에서 온 여자》를 읽고 자신의 생각을 밴드에 올린 적이 있다. 그의 글에 많은 댓글이 달렸고, 그는 이 책을 멤버들에게 적극 추천했다.

나도 얼마 전 빅터 프랭클의 《죽음의 수용소에서》를 강력하게 추천했다. 특히 힘든 일을 겪고 있는 사람들에게 꼭 읽어보라고 추천했다. 저자 빅터 프랭클은 오스트리아에서 태어난 유태인이다. 2차 세계대전 당시 나치의 유대인 탄압 정책인 '홀로코스트'로 인해 여러 수용소를 전전했다. 그가 갔던 수용소 중에는 악명 높은 아우슈비츠도 있었다. 하지만 저자는 나치의 탄압 속에서도 제정신을 갖고 살아남았고 훗날 이를 기록으로 남겼다.

수용소에서 나온 뒤 프랭클은 수용소에서 살아남은 사람들의 공통점을 조사하기 시작했다. 그가 발견했던 공통점은 '살아야 할 이유가 있는 사람만이 살아남았다'는 것이다. 프랭클이 갔던 수용소에서는 예외 없이 병들거나 약해서 일할 수 없는 사람들은 모조리 죽여버렸다. 그래서 그는 살아남으려고 깔끔한 용모를 유지해서 병들지 않은 모습, 약한 모습을 보이지 않았다.

이것은 저자가 살고자 하는 열망이 강했기 때문에 가능했다. 그는 '부인과 아이를 보고 싶다'는 열망 하나로 버텼다. 안타깝게도 프랭클의 부인과 아이는 수용소에서 죽었기 때문에 이들의 만남은 이루어지지 못했다. 이 책은 수용소의 참상을 생생한 체험기로 전달하며 인간의 존엄성에 대해 깊이 있는 성찰을 하도록 돕는다.

함께 독서하면 서로 책을 추천하고 추천받는 재미를 느낄 수 있다. 또 서로 추천한 책을 읽고 감상을 나누다 보면 자연스레 의식의 끈이 진하게 연결되는 체험도 할 수 있다.

책 읽기가 끝나면 독서 노트를 작성한다

인간의 기억에는 한계가 있다. 아무리 다양한 경험을 했어도 전부 기억할 수는 없다. 2002년 월드컵처럼 아주 특별한 것을 제외하면 대부분은 얼마 안 가 잊힌다. 이를 보완하기 위한 방법이 바로 기록이다. 기록을 하면 시간이 흘러도 당시의 기억을 되살릴 수 있다.

얼마 전 오래전 일기장을 꺼내 읽어봤다. 좋아했던 여자애한테 장난을 쳤다가 도리어 내가 그 여자애와 다른 여자애들한테 두들겨 맞아서 울었던 내용이었다. 20년 넘게 잊고 살았는데 일기장을 보는 순간 마치 어제 일처럼 생생하게 기억났다.

독서도 마찬가지다. 책의 모든 내용이 다 기억에 남는 것은 아니다. 힘들게 읽은 책의 내용을 잊지 않도록 독서 노트를 작성해보자.

기록은 인간만이 할 수 있다

나의 어머니는 40년째 가계부를 쓰고 계시다. 어머니가 가계부를 쓰는 이유는 '무엇을 사는 데 얼마의 돈을 썼는지'를 기억하기 위해서다. 게다가 최근에는 카드사 혜택을 받기 위해서 카드 계산서도 기록한다. 일반적으로 카드사 혜택은 한 달 사용량이 정해진 한도를 넘어야 받을 수 있기 때문이다. 가령 한 달 사용액이 50만 원 이상이면 주유 할인을 해주는 식이다. 그래서 어머니는 카드사별로 계산서를 보관하고 가계부에 따로 기록한다.

책 한 권을 다 읽고 책을 덮는 순간 책의 내용이 기억에 남지 않는 경우가 대부분이다. 이 상황에서 책의 내용을 다시 생각해내는 것은 어렵다. 그렇다고 책을 처음부터 다시 읽기에는 부담이 된다(물론 감명을 받아 다시 읽고 싶어서 읽는 것은 예외다). 책의 내용을 다시 생각해내려면 독서 노트를 작성하는 것이 효과적이다.

책을 읽으면서 중요하다고 생각되는 부분을 노트에 적어두면 내용을 기억하는 데 효과적이다. 책을 다 읽고 난 뒤 노트를 펼쳐보면 그 내용이 떠오른다. 나 역시 책을 읽을 때는 항상 노트를 함께 펼쳐서 기록한다. 물론 지하철에서 책을 읽는 경우에는 스마트폰의 메모장에 기록한 후 노트에 옮겨 적는다. 이렇게 하면 이전에 읽었던 책의 내용이 기억나지 않을 때 효과적으로 대처할 수 있다. 나도 이전에 읽었던 책의 내용이 기억나지 않을 때 노트를 펼쳐보곤 한다. 노트를 펼쳐보면 그 내용이 기억나고, 심지어는 책의 어느 부분에 나오는지도 기억이 난다(참고로 나는 중요한 부분이 나오는 장을 표시해두기 때문에 페이지는 따로 표시하지 않는다).

직접 손으로 써라

독서 노트 내용을 작성하는 방법에는 여러 가지가 있다. 최근에는 컴퓨터에 파일 형태로 저장하거나 스마트폰의 메모장을 이용해서 작성하기도 한다. 이런 방법이 나쁜 것은 아니지만 나는 손으로 직접 종이에 쓰는 것을 권한다.

기록물을 가장 오랫동안 보존할 수 있는 방법은 종이에 쓰는 것이다. 화재 같은 재난이 발생하지 않는 한 종이는 오래 보존이 된다. 반면 컴퓨터나 스마트폰에 보관하면 보존 기간이 10년이 채 되지 않는다. 아무리 하드 디스크나 SSD(Solid State Drive: 반도체를 이용하여 정보를 저장하는 장치), USB 등 대용량 기억장치가 발달했다고 하더라도, 시간이 지나면 낡고 스크래치가 날 수밖에 없다. 이렇게 되면 기록된 것을 아예 읽지 못한다. 또한 새 시스템과 기존의 것이 호환되지 않으면 읽지 못하는 상황도 발생할 수 있다.

하지만 종이는 컴퓨터의 기억장치와 달리 장기간 보존이 가능하다. 얼마 전 어느 대학교 도서관에 간 일이 있었다. 그곳에서 우연히 아버지의 졸업 논문을 봤다. 1970년대 초에 작성한 논문이 50년 가까이 지난 지금까지도 잘 보존되어 있었다. 아버지의 논문을 보니 대학생 시절 젊은 아버지가 논문을 쓰던 모습이 그려졌다. 동시에 일흔이 넘은 나이 든 아버지의 현재 모습이 겹쳐 보였다.

독서 노트는 손으로 직접 쓰기를 권한다. 나는 지금까지 3권가량 독서 노트를 썼는데 중간중간 워드프로세서로 작성해 출력한 것 몇 개를 제외하고는 전부 손으로 작성했다. 10여 년이 지난 지금도 잘 보존되어 있고, 언제 어디서든 읽을 수 있다. 인터넷이 안 되는 장소에서도 노트는 읽을 수 있다.

게다가 손으로 독서 노트를 작성하면 기억에 오래 남는다. 독서 노트를 컴퓨터에 파일로 저장했을 때보다 생각하면서 쓸 수 있는 여유가 생겨 훨씬 좋다. 이 과정에서 작가의 생각을 다시 한 번 되뇔 수 있고 등장인물의 행동과 태도에 대해서도 다시 생각할 기회를 얻게 된다. 실제로 경험상 파일 저장된 노트보다 손으로 쓴 독서 노트를 볼 때 책 내용을 더 명확히 기억해낼 수 있다.

또한 직접 손으로 쓰면 책의 내용을 한 번 더 음미하고 생각할 수 있다. 나는 장 자크 루소의《인간 불평등 기원론》을 읽고 독서 노트를 한글 파일과 손으로 직접 쓴 적이 있다. 이 두 가지를 비교했을 때 손으로 썼을 경우에 책의 내용을 잘 음미할 수 있었다.

한글 파일로 독서 노트를 작성하는 것은 책의 내용을 그대로 베끼는 느낌이었다면, 손으로 쓰는 것은 책의 내용을 다시 한 번 생각하면서 작성을 하는 과정이었다. 그리고 손으로 쓸 때는 내 생각을 노트 여백에 기록할 수 있어서 한눈에 책의 내용과 내 생각을 볼 수 있다는 장점이 있었다. 독서 노트는 가급적 손으로 작성하라. 그러면 효과가 배가될 것이다.

정독하면 저자가 숨겨둔 메시지를 발견할 수 있다

"책을 읽을 때 정독하라"라는 말을 한 번쯤은 들어봤을 것이다. 정독이란 '글자와 낱말의 뜻을 하나하나 알아가며 자세히 읽는 것'이다. 그뿐만 아니라 정독은 문장과 단어의 숨은 뜻을 알아가며 읽는 것이다. 이런 점에서 빠르게 읽는 '속독'과는 차이가 있다. 아무래도 빠르게 읽다 보면 중요한 부분을 그냥 지나치고 넘어갈 수가 있다. 게다가 책의 내용을 온전히 이해할 수 없다. 그래서 나는 속독은 정독한 후 다시 읽을 때 한다. 정독의 궁극적인 목적은 저자가 말하고자 하는 의도를 찾는 것이다.

저자에 대해서 알아보라

저자가 책을 통해 말하려는 바를 알기 위해서는 저자에 대해서 아는 것이 중요하다. 저자가 활동한 시대, 저자의 상황을 알아야 비로소 책을 통해 말하고자 하는 진짜 의도를 알 수 있다.

연암 박지원의 《열하일기》에서 가장 먼저 나오는 부분은 '숭정 삼 갑자년(崇禎 三 甲子年)'이다. '숭정 삼 갑자년'에서 '숭정'은 명나라 마지막 황제의 연호다. '삼 갑자년'은 숭정제가 즉위한 후 갑자년이 세 번 지났다는 의미다.

박지원이 태어난 때는 명나라가 멸망하고 청나라가 들어선 지 백 년이 넘은 시점이다. 하지만 조선 사회는 여전히 중화사상에 찌들어 있었다. 그래서 청나라를 오랑캐 나라로 여기고 중화사상을 계승한 나라는 조선밖에 없다는 생각에 빠져 있었다. 이런 이유로 조선의 내부 문서에는 연호를 쓸 때 명나라 마지막 황제의 연호인 '숭정'을 썼던 것이다. 물론 대외 문서, 즉 청나라로 가는 문서에는 당시 청나라 황제의 연호인 '건륭'을 썼다. 이런 것을 보면, 연암이 《열하일기》에 '숭정 삼 갑자년'이라고 쓴 것이 그가 중화사상에 물들어 있던 증거라고 속단할 수도 있을 것이다. 하지만 박지원이 '숭정 삼 갑자년'이라고 쓴 진짜 의미를 알려면 연암의 생애를 살펴봐야 한다.

연암은 당시 지배 계층인 노론 집안에서 태어났다. 쉽게 말해, 금수저를 물고 태어난 격이다. 하지만 그는 자발적으로 비주류의 삶을 택했다. 당시 그의 저서를 보면 충분히 과거에 급제할 수 있는 실력을 지녔음을 알 수 있다. 하지만 그는 일부러 시험장에 나타나지 않거나 설령 시험장에 나타났다 하더라도 백지를 내거나 그림을 그리는 등 고의로 낙방을 택했다.

또 연암과 친했던 사람들을 살펴보면 비주류의 삶을 살았음을 알 수 있다. 그와 친하게 지냈던 이들 중 홍대용 정도를 제외하면 박제가, 유득공, 이덕무 등 서얼 출신이 대부분이었다는 것이 이를 뒷받침한다. 이들과 어울려 비주류인 실학자의 삶을 산 연암이 '존명사상(尊明思想: 명나라를 존경하는 것)'에 물들어 '숭정 삼 갑자년'이라고 쓸 리는 없다. 그는 단지 아직도 명나라만을 바라보는 조선 지배 계층의 태도를 풍자하기 위해 이 단어를 택했다. 게다가 그는 사신단에 끼어 청나라를 다녀온 적이 있다. 그곳에서 그는 청나라가 조선보다 하찮은 나라가 아닌 조선보다 몇 배 발전한 나라라는 것을 온몸으로 느꼈다. 그렇기에 세상을 보는 다른 시각을 가질 수 있었다.

이렇게 '숭정 삼 갑자년'의 숨은 뜻을 알면 《열하일기》의 전체 내용에 좀 더 자세히 접근할 수 있다. 《열하일기》는 연암이 청나라에서 보고 느낀 것을 기록한 기행문이다. 특히 내가 기억에 남는 부분은 열하에서 황제가 티베트 승려인 '판첸라마'에게 예의를 표하라고 한 장면이다. 이때 성리학만 유일한 학문으로 여기는 조선 사신들은 이를 거부했다. 이로 인해 조선의 사신들은 청나라 황제의 노여움을 샀고, 결국 아무 소득이 없는 결과를 낳았다. 게다가 그들은 청나라의 앞선 문물을 '오랑캐의 문물' 정도로 취급하는 우를 범했다. 연암은 조선의 지배 계층을 비판한 점에서는 기행문 그 이상의 의미를 지닌 책이다. 이 때문에 당시 조선에서는 《열하일기》가 금서로 지정되기도 했다.

《열하일기》는 연암 박지원이라는 사람에 대해서 제대로 알지 못하면 온전히 이해하기가 힘든 책이다. 책을 읽기 전에 저자에 대해서 알아봐야 하는 이유가 바로 여기에 있다.

저자가 숨겨놓은 의미를 찾아라

책을 읽다 보면 저자가 책을 통해 전하고자 하는 메시지를 직접 드러내지 않는 경우도 있다. 강원국의 《대통령의 글쓰기》나 안상헌의 《인문학 공부법》 같은 책은 제목에서부터 저자의 메시지가 분명하게 드러나 있지만 모든 책이 그렇지는 않다.

이충렬 저자의 《국제법 학자 그 사람 백충현》 같은 책은 백충현 교수의 업적에 관한 내용을 담고 있다. 백충현 교수는 '위안부 문제', '강제징용 문제'를 공론화시킨 사람이다. 게다가 '을사늑약'이 무효라는 증거와 '독도'가 우리 땅이라는 결정적 증거를 제시한 사람이다.

'을사늑약' 문서 어디에도 당시 대한제국의 황제인 고종의 옥새가 찍혀 있지 않다. 외국과의 조약에는 반드시 국가원수의 결재가 있어야 하는데 그것이 '을사늑약'에는 없다. 그래서 '을사늑약'은 무효임을 백 교수는 세상에 밝혀냈다. 또 '독도' 문제는 일본의 메이지 정부에서 작성한 '관판실측일본지도'에서 독도가 빠져 있는 부분을 찾는 것으로 해결했다. 이 지도는 일본 본토에서 1000킬로미터 이상 떨어진 '오가사와라'제도조차 제대로 표시되어 있을 만큼 정밀하게 제작되었다. 하지만 정작 이보다 훨씬 가까운 독도는 표시되어 있지 않다. 이것은 메이지정부가 독도는 '조선 땅'임을 처음부터 인정한 증거다. 이 발표 이후로는 일본도 '독도가 일본 땅'이라는 새로운 증거를 내놓지 못한 채 기존의 주장만 되풀이하고 있다.

이충렬 저자는 《국제법 학자 그 사람 백충현》에서 이와 같은 백충현 교수의 업적에 대해서 말하고 있다. 하지만 이것이 전부는 아니다. 이 책에는 저자가 말하고 싶은 의도가 숨겨져 있다. 이것은 이 책의 에피소드 부분에 나와 있는데, 한일 관계에 얽힌 문제를 풀기 위해서는 제2, 제3의 백충현 교수 같은 사람이 나와야 한다며 저자의 소망을 내비쳤다.

이충렬 저자의 책 외에도 이원규가 2005년에 출간한 《약산 김원봉》도 비슷한 경우다. 이 책은 독립운동가 김원봉에 대해서 쓰고 있다. 그동안 김원봉은 월북했다는 이유로 그 이름과 업적이 잊혀졌다. 약산은 일제 강점기 당시 일제가 내건 현상금이 100만 원(현재 가치로 300억 원)으로 60만 원인 백범 김구보다 훨씬 높았다. 이것은 그만큼 약산의 독립운동 업적이 얼마나 빛났는지를 알 수 있는 대목이다.

저자 이원규는 김원봉은 아내인 독립운동가 박차정 의사보다 덜 알려지고, 심지어 잊혔던 인물이기에 이를 알리고자 책을 썼음을 밝히고 있다. 이 책은 몇 년 후 영화 〈암살〉과 〈밀정〉을 통해 약산이 알려지는 데 시발점이 되었다.

저자가 그 의미를 숨겨놓은 책은 책의 내용을 처음부터 끝까지 정독해서 찾아내는 길밖에는 없다. 그 비밀을 찾아가는 길은 늘 흥미진진하고 즐겁다.

30일 10권 읽기를 해내고 다음 단계로 넘어간다

여우 한 마리가 토끼를 쫓고 있었다. 하지만 여우는 토끼를 끝내 잡을 수 없었다. 여우는 한 끼 식사를 위해서 뛰었지만, 토끼는 살기 위해서 뛰었기 때문이다. 이 차이는 바로 간절함의 차이다. 간절함은 성공으로 이끄는 원동력이다.

고등학교 시절 박찬호는 청소년대표 팀에 뽑혀 미국에서 열리는 대회에 참가했다. 대회가 끝나고 그는 LA다저스의 홈구장인 다저 스타디움을 방문했다. 그는 그곳의 기념품 숍에서 다저스 점퍼를 샀다. 그에게 다저스 점퍼는 기념품 이상의 가치가 있었다. 다저스에서 뛰고 싶은 간절함의 표시였다. 이런 간절함 때문일까? 1994년 박찬호는 LA다저스와 계약하여 메이저리그에 진출하는 데 성공했다,

박찬호가 다저스에 입단할 당시 국내의 언론들은 의아하게 생각했다. 공만 빠르고 제구력이 좋지 않은 투수가 메이저리그에서 성공하기는 어렵다고 생각했기 때문이다. 그는 마이너리그를 거치지 않고 메이저리그에 직행했지만, 얼마 안 가 마이너리그로 강등당했다. 훗날 박찬호는 마이너리그로 내려갔을 때 한국으로 가고픈 마음이 없었던 것은 아니었다고 고백했다. 하지만 메이저리그에서 꼭 성공하고야 말겠다는 간절함이 더 강했다고 했다. 이 같은 그의 결심은 결국 통산 124승을 거두는 원동력이 되었다. 독서를 통해 자신의 인생을 바꾸고 싶다면 박찬호와 같은 간절함을 가져야 한다.

자신에 대한 믿음이 간절함의 시작이다

해마다 음력 5월 10일에 내리는 비를 '태종우(太宗雨)'라고 한다. 태종우라는 이름에서 짐작할 수 있듯이, 이 비의 유래는 조선 3대 임금 태종 이방원과 관련 있다. 태종 18년, 조선에 유례없는 큰 가뭄이 계속되었다. 가뭄이 계속되니 민심은 계속 흉흉해질 수밖에 없었다.

민심은 천심이라 했던가. 당시는 치수에 실패하면 왕으로서 직무를 다하지 못한 것이나 마찬가지였다. 그래서 태종은 하늘에 비를 내리게 해달라고 기우제를 계속 지냈다. 하지만 전혀 효과가 없었다. 태종은 하늘이 돕지 않는다며 한탄하다 병까지 들었다. 설상가상으로 꿈에 자신이 죽였던 고려의 신하들과 형제들이 나타나서 그를 꾸짖고 원망했다. 며칠간 꿈을 꾸고 나서 태종은 자신의 권력욕으로 많은 사람을 죽인 것이 하늘의 노여움을 받았다고 생각하고는 마지막이라는 심정으로 자신의 목숨을 내놓고 제사를 지냈다.

태종은 궁궐 뒤뜰에 장작더미를 쌓았다. 그리고 그 위에 올라가 스스로 제물이 되어 눈물을 흘리며 온몸을 바쳐 하늘에 빌고 또 빌었다. 그때 영의정이 왕명을 이기지 못하고 장작더미에 불을 붙였다. 가뭄에 바싹 마른 나무더미는 순식간에 타올랐다. 이 모습을 본 조정의 대신과 궁녀 그리고 백성들은 대성통곡을 했다. 그때 갑자기 하늘에서 비구름이 몰려와 굵은 빗방울이 떨어졌다. 이 비는 가뭄에 단비가 되었고, 이후 해마다 음력 5월 10일에 내리는 비를 사람들은 '태종우'라고 부른다.

'태종우'가 내린 것은 태종이 가뭄을 해결하고자 하는 간절함이 있었기 때문이다. 태종의 간절함의 바탕에는 자신에 대한 믿음이 있었다. 자신에 대한 믿음이 없었다면 태종은 목숨을 내놓지 않았을 것이다.

간절함은 조선시대뿐만 아니라 오늘날에도 적용된다. 2012년 이영표 선수는 한 언론사의 인터뷰에서 축구선수로 성공할 것이라는 강한 믿음이 있어서 힘든 시간을 버틸 수 있었다고 했다. 그는 실력이 있었음에도 17세 이하, 20세 이하 등 각급 대표팀에 선발된 적이 없었다. 이 정도면 실망할 수도 있었지만 그는 오기로 이 시간을 견뎌냈다. 그리고 끝내 태극 마크를 달게 되면서 그간의 노력이 결실을 맺게 되었다.

될 때까지 계속하라

간절한 마음을 가지고 있다면 그다음 단계는 될 때까지 포기하지 않고 계속하는 것이다. 아무리 간절한 마음을 가지고 있다 하더라도 한두 번 시도해서 성공하는 경우는 거의 없다. 적게는 열 번 많게는 수백

번 시도해서 성공한다. 발명왕 에디슨은 전구를 만들기 위해 2,000번 실패했다. 그는 한 인터뷰에서 "2,000번을 실패한 것이 아니라 안 되는 방법을 2,000가지 찾았다"라고 대답했다. 즉 그는 어떤 순간도 자신의 시도를 실패로 여기지 않았던 것이다. 그는 실패를 성공으로 가는 과정일 뿐이라고 생각했다.

독서를 통해 영감을 얻고 인생이 바뀌기까지 많은 시간이 소요된다. 성공으로 가는 과정에서 했던 실패는 밑거름이다. 내가 독서의 효과를 보고 책을 쓰게 된 것은 2016년이 처음이다. 그 해는 본격적인 독서를 한 지 5년이 지난 시점이었다. 원고를 완성하고 출판사에 투고했지만 계속 거절당했다. 계속 거절당하자 포기하려는 마음도 들었다. 하지만 700여 차례 거절을 당한 끝에 출간을 할 수 있었다.

내가 책을 출간할 수 있었던 것은 될 때까지 계속했기에 가능했다. 독서의 효과를 보려면 1~2권 읽는 것으로는 안 된다. 독서로 인생을 바꾼 사람을 보면 짧게는 3년 길게는 5년 이상 꾸준히 독서했다. 그러니 인내심을 가지고 꾸준히 읽어라. 그러면 성공한다. 간절함을 가지고 있다면 그것을 마음에만 품지 말고 실행하라. 그리고 자신을 믿고 될 때까지 하라. 그러면 성공할 수밖에 없다. 일단 30일 10권 읽기로 시작해 보자.

6장

1년 100권
STEP 3
100일 33권 읽기

자신의 독서 취향에 맞는 독서 계획표를 작성한다

책을 효과적으로 읽기 위해서는 독서 계획표를 작성해야 한다. 독서 계획표는 독서를 효과적으로 할 수 있도록 도와주는 장점이 있다. 시간을 효율적으로 사용하는 사람들은 계획에 따라 철저하게 시간 배분을 한다. 그런 와중에서도 독서 시간을 반드시 확보한다. 10여 년 전부터 알고 지낸 《독서법부터 바꿔라》, 《기억 독서법》 등을 쓴 기성준 저자는 하루 24시간 계획을 철저하게 짜놓기로 유명하다. 하루 강연 스케줄이 많게는 서너 개씩 잡혀 있고 전국을 누비며 강연하러 다닌다. 이렇게 바쁜 일상을 보내는 중에도 그는 반드시 독서할 시간을 확보해 놓는다. 이동하는 기차 안에서, 잠자기 전에 시간을 확보해서 책을 읽는다.

독서 계획표는 파워 독서의 시작이다

기성준 저자도 처음부터 독서 습관이 잡혀 있었던 것은 아니다. 하나의 사건을 계기로 책을 읽기로 결심하고 꾸준히 한 결과 독서 습관이 몸에 밴 것이다.

그는 유복한 가정에서 태어나 어린 시절 부족함 없이 자랐다. 그러던 1997년 외환위기 사태를 겪으면서 가세가 기울기 시작했고, 부친이 운영하던 회사가 문을 닫으면서 그의 가정도 한순간에 바닥으로 내려앉는 시련을 겪게 되었다. 가정 경제의 추락은 민감한 사춘기 시절이었던 그를 방황의 길로 내몰았고, 이런 상태는 대학교 때까지 이어졌다.

불행은 한꺼번에 다가온다고 했던가. 설상가상으로 20대 초반 갑상선암 진단까지 받았다. 그를 치료하던 의사는 "목소리를 잃을 수도 있는 위험한 상황"이라고 했다. 목사 지망생이었던 그에게 목소리를 잃어버린다는 것은 청천벽력 같은 일이었다. 설교가 생명인 목회자가 목소리를 잃다니, 그는 또 한 번 절망에 빠졌다. 그러던 어느 날 한 목사님의 설교를 듣고 그는 마음을 바꾸게 되었다. "포기하지 마라"는 말이 그를 일으켜 세웠다. 얼마 후 기적적으로 그를 괴롭혀온 암이 완치되었고, 그는 목소리를 잃지 않을 수 있었다.

그는 그때 '내가 기울어진 집안을 일으키겠다'고 결심했다. 그리고 이지성의 《꿈꾸는 다락방》과 《리딩으로 리드하라》를 읽고 크게 자극을 받았다. 이후 더 치열하게 독서를 했고, 그렇게 읽은 책이 3년 동안 1,000권가량 되었다. 이후 그는 책도 출간하고 독서 모임 '미라클 팩토리'를 설립해서 활발히 운영하고 있다.

나는 그의 독서 노트를 볼 기회도 종종 있었는데, 그의 노트에는 일일 계획표와 독서 계획표가 철두철미하게 그려져 있었다. 날짜별 스케줄은 물론이고 독서 계획이 빼곡히 들어차 있었다. 또 하루에 독서를 위해 어느 정도 시간을 할애하는지도 나와 있었다.

계획했으면 실천하라

기성준 저자는 독서 계획표를 바탕으로 철저하게 책을 읽었고 독서 습관을 들였다. 그는 "독서 계획표가 없었다면 체계적인 독서를 하지 못했을 것이다. 내가 여기까지 온 데에는 독서 계획표의 영향이 가장 컸다"라고 말한다. 그러고는 "독서 계획표를 항상 가지고 다니면서 언제든지 볼 수 있게 하라"고 조언한다. 독서 계획표를 가지고 다니면 자주 확인할 수 있기에 계획을 실천하는 데 큰 도움이 된다. 또 언제 책을 읽을 것인지, 하루에 어느 시간을 독서에 투자할 것인지를 정하면 독서 습관을 들이기가 수월해진다.

나는 2011년 '100일 동안 33권 읽기'를 결심했을 때 처음으로 독서 계획표를 작성했다. 독서 계획표를 작성하고 읽으니 독서의 효과가 컸다. 그래서일까? 원래 33권을 읽기로 한 계획에서 7권을 더 읽어 40권을 채우게 되었다. 이후 관심 있는 분야의 책을 1년에 100권, 인문고전 책을 1년에 30권 읽는 데 연이어 성공했다.

어떤 책을 읽든, 나는 매번 독서 계획표를 작성했다. 독서 계획표의 효과가 좋다는 것을 몸으로 느꼈기 때문이다. 참고로 나의 독서 계획표를 소개한다.

• 평일 독서 시간

07:30 ~ 08:10(40분) - 출근 시간(지하철)

19:00 ~ 19:40(40분) - 퇴근 시간(지하철)

20:00 ~ 21:00(60분) - 자투리 시간(퇴근길 카페)

• 주말 독서 시간

10:00 ~ 11:00(60분) - 자투리 시간

약속 시간 전(30~40분) - 카페

독서 계획표는 작성도 중요하지만 실천이 훨씬 중요하다. 중간에 여러 변수가 생겨 계획표대로 이어지지 않을 수도 있다. 하지만 이런 예외 상황은 크게 일어나지 않는다. 계획표를 짜고, 계획표대로 실천하겠다는 굳은 의지만 있으면 누구든, 얼마든지 성공할 수 있다.

작성한 도서 목록을 책 좋아하는 사람들과 공유한다

내가 운영하는 Reading부산 독서 토론 모임의 몇몇 멤버들은 자신이 읽은 책을 밴드에 공유한다. 내가 그들에게 "자신이 읽은 책을 밴드에 올려서 공유하는 것뿐 아니라 다른 회원들에게 꼭 추천하고 싶은 책을 올리는 일도 병행하자"고 권유했기 때문이다. 회원들이 아직 남에게 책을 추천할 능력이나 안목이 자신들에게는 없다며 부담스러워해서 자신이 읽은 책을 공유하는 정도로 시작했다.

나도 경제, 인문 같은 특정 분야에서 꼭 읽어야 할 책을 추천해 달라는 부탁을 받을 때는 별다른 주저함 없이 책을 추천하지만 막연히 '좋은 책'을 추천해 달라고 하면 주저하게 된다. 이때 밴드에 공유한 도서 목록을 참고하라라고 조언한다. 때로는 내가 읽은 책의 목록을 보여주기도 한다. '이런 책을 읽고 감명받아 다른 사람과 나누고 싶다'는 마음으로 권한다.

참고 자료를 공유하는 길

누군가 나에게 다가와 책을 추천해 달라고 하면 나는 맨 먼저 어떤 분야의 책을 읽고 싶은지, 어떤 수준의 책을 읽고 싶은지를 묻는다. 이 두 가지를 모르는 상태에서는 추천 도서를 고르기가 막막하기 때문이다. 예를 들어 프랑스 문학에 관심이 많고 관련 책을 많이 읽은 사람이라면 빅토르 위고의 《레미제라블》이나 베르나르 베르베르의 《개미》 같은 책이 적당하다.

하지만 상대가 막연하게 '좋은 책'이나 '재미있는 책'을 추천해 달라고 하면 정말 난감하다. 이때는 독서 모임에 가입해서 멤버들이 공유한 도서 목록을 참고하라고 조언한다. 나도 처음 독서 모임에 가입해서 책을 읽을 때 공유된 목록을 참고해서 읽을 적이 있다. 특히 이들 책 중 댓글이 많이 달린 책을 읽기를 권한다. 대개 이런 책은 읽기에 부담이 없는 책이라 독서하는 습관을 들이기 적당하다.

내가 운영하는 독서 토론 모임에서는 최근 공유 도서 목록을 소개할 때 책 표지를 찍어 올리는 경우가 많다. 시각적으로 눈에 띄므로, 많은 사람이 표지 사진만 보고 자신이 읽을 책을 선택하기도 한다. 나도 하루는 한 멤버가 올린 목록에 헤르만 헤세의 《데미안》이 눈에 띄어 그날 바로 그 책을 구입해서 읽은 적도 있다.

공유 도서 목록은 다음 읽을 책을 선정하는 데도 도움을 준다. 내가

100일에 33권 읽기 미션을 여러 사람과 시작했을 때 가장 먼저 한 것이 읽을 책을 선정하는 일이었다. 그리고 두 번째로 한 것이 바로 단체 대화방에 도서 목록을 올리는 일이었다. 단체 대화방에 공개된 목록을 살펴보니 서로 겹치는 도서가 평균 6~7권이었고 나머지는 전부 다른 책이었다. 도서 목록을 공유한 덕에 다양한 도서 선택이 가능해졌다.

공유하면 풍부해진다

도서 목록을 공유하면 여러 사람이 함께 읽을 수 있다. 내가 단체 대화방에 도서 목록을 공유한 것은 첫째로는 내가 독서 미션을 완수하겠다는 의지의 표현이었다. 다른 사람에게 선포한 이상 성공하기 위해 노력할 수밖에 없다. 그래서 성공 확률이 높게 나타난다.

그리고 단체 대화방에 오늘 읽은 내용을 요약해 올리면 성공 확률이 더 높아진다. 나도 처음에는 읽은 내용을 요약하는 것이 부담되었지만 계속하다 보니 나에게 많은 도움이 되었고, 미션을 성공할 수 있는 바탕이 되었다.

다른 사람과 책을 함께 읽는다는 것에는 두 가지 의미가 있다. 첫째는 같은 책을 함께 읽는다는 동질감이다. 둘째는 독서 미션을 함께한다는 의무감이다. 읽는 책은 달라도 완독이라는 같은 목표를 가지고 있기 때문에 함께 의무를 짊어진다는 느낌을 나누어 가질 수 있다.

책 좋아하는 사람들과 독서 토론을 해본다

나는 3년 가까이 독서 토론 모임을 운영하고 있다. 내가 독서 토론 모임을 만든 이유는 같이 책을 읽고 서로의 생각을 나누기 위해서다. 이렇게 서로 생각을 나누는 과정에서 '내 생각과 저 사람 생각은 다르구나', '내가 미처 생각하지 못했던 부분을 저 사람은 저렇게 생각했구나' 하고 깨닫고 생각의 폭을 넓히기 위해서였다. 그리고 함께 읽으면 독서에 더 흥미를 느낄 수 있고, 그만큼 목표에 도달할 확률이 높아진다고 생각하기 때문이다.

하지만 독서를 시작한 지 얼마 안 된 사람들은 '독서 토론'을 하는 것에 부담을 많이 느낀다. 혹시나 '내 생각을 잘못 말했다가 망신을 당하지 않을까?' 하는 두려움이 큰 탓이다. 게다가 독서를 오래 해온 사람들에게 주눅이 들지 않을까 하는 편견과 선입견이 작용하는 일도 많다.

하지만 독서 토론에 오랫동안 참석해온 사람들은 기본적으로 열린 사고방식을 가지고 있다. 게다가 이들은 처음 참석한 사람들의 이야기를 듣는 것을 매우 좋아한다. 기존 참석자들끼리는 서로 어느 정도 생각의 폭이나 방향을 알고 있기에 새로 들어온 사람들의 새로운 시선을 고대하는 것이다. 그러니 독서 토론에 너무 부담 갖지 말자. 그저 편안한 마음으로 참석하면 된다.

그렇다 하더라도 그동안 독서 토론에 참석해본 경험이 없는 사람들은 모임에 어떻게 참여해야 하는지 잘 모르는 경우가 많다. 독서 토론 모임을 운영하면서 "처음 참석하는데 어떻게 해야 하나요?"라는 질문을 많이 받았다. 이제 이런 사람들을 위해 독서 토론의 특징을 소개하겠다.

옳고 그름을 가리는 자리가 아니다

많은 사람이 '토론'이라고 하면 주제에 대한 답을 찾는 것이고, 옳고 그름을 가리는 것이라고 생각한다. 하지만 이건 잘못된 생각이다. 토론에는 정해진 답이 없다. 그렇기 때문에 옳고 그름을 가릴 수가 없다. 특히 '독서 토론'인 경우는 더더욱 그렇다.

2018년 9월, Reading부산 모임에서는 김윤나의 《말그릇》을 읽고 토론을 나누는 시간을 가졌다. 이날 토론 주제 가운데에는 '무의식중에 자신이 사용하는 말 습관'을 이야기하는 시간이 있었다. 나처럼 '이제'라는 말을 자주 사용하거나 아니면 '어, 어'라는 말을 자주 사용하는 등 자신들의 언어 습관에 밴 관성들을 이야기하는 시간이었다. 하지만 그 누구도 이것에 대한 옳고 그름을 이야기하지는 않았다. 이처럼 서로의 생각을 공유함으로써 심도 있게 대화하려는 것이므로 다양한 경험은 언제든 환영받을 수밖에 없다.

하루는 영화 〈1987〉의 배경이 된 시대를 다루는 토론을 한 적이 있다. 우리 모임에는 1987년에 나처럼 초등학교를 다닌 사람도 있었고 고등학생이었던 이도 있었다. 또 대학생이었던 이들 그리고 사회 초년병이었던 이들도 있었다. 다양한 연령대의 사람들은 각자의 경험을 바탕으로 1987년의 사회상에 대해 활발한 토론을 나눌 수 있었다. 자기만의 특별한 경험이 있다면 독서 토론의 자리에서 마음껏 그 경험을 나누어보자. 사람들은 생생한 간접경험을 온 마음을 열어 환영할 것이다.

생생한 체험의 장을 연다

내가 책을 읽는 이들에게 '독서 토론'에 참석하라고 권하는 이유는 참석자들로부터 좀처럼 체험하기 힘든 곳의 생생한 체험담을 듣고 그것을 느낄 수 있는 기회가 있기 때문이다.

얼마 전, 알렉산드르 솔제니친의 《이반 데니소비치 수용소의 하루》를 읽고 토론하는 자리에 러시아에서 유학한 경험이 있는 사람이 참석했다. 그는 소련이 마지막 안간힘을 쓰던 시절인 한소 수교 직후 유학을 떠났고, 떠난 지 얼마 안 되어 소련이 붕괴하는 모습과 그 뒤 혼란스러운 사회상을 직접 목격했다. 그리고 유학 시절을 보낸 도시 '레닌그라드가'가 소련 붕괴 직후 '상트페테르부르크'로 바뀌는 것도 목격했다.

그는 상트페테르부르크로의 회귀야말로 소련 붕괴의 상징이라고 말했다(러시아제국의 수도였던 상트페테르부르크는 1914년 페트로그라드로 개칭되었다가 레닌 사후 그의 이름을 기념하여 레닌그라드로 불렸다. 이후 시민들의 요구에 따라 본래 이름인 상트페테르부르크를 되찾았다). 게다가 그는 문학 수업 시간에 이 책의 강의를 러시아 교수로부터 들은 경험도 있었다. 그래서 우리는 그에게서 그 소설의 배경에 대해 자세히 들을 수 있었다. 그는 이 소설 속의 현장이 되는 시베리아를 몇 차례 찾아가기도 했다.

아무리 소설을 읽어도 러시아, 특히 시베리아의 추위에 대해서는 그곳에서 살아보지 않는 한 피부에 와닿지 않는다. 그런데 이날 우리는 시베리아의 혹독한 추위를 겪은 이의 경험담을 듣고, 러시아의 혹한을 간접 체험할 수 있었다. 그의 말에 따르면 러시아에서는 아침 출근 전 실내 온도를 일부러 영하로 낮춘다고 한다. 집 안의 온도를 영하로 낮추지 않으면 안과 밖의 온도차 때문에 문을 열고 밖으로 나가는 순간 즉사할 수 있기 때문이다. 러시아에서는 실제로 실내외의 온도차로 인해 사망하는 사람이 많다고 그는 전했다.

그의 말을 들으니 러시아의 추위가 어느 정도인지 짐작할 수 있었다. 또 수용자들이 신었다는 펠트화에 대해서도 대강의 감을 잡을 수 있었다. 그의 말에 따르면, 펠트화는 카펫을 짜는 털로 만든 신발이어서 촘촘하게 짜여 있지 않다. 당연히 방수 기능이 현저히 떨어진다. 그렇기에 펠트화를 신으면 동상에 걸리기 쉽다. 게다가 러시아 양말은 보온성이 좋은 편이 아니라 동상을 각별히 조심해야 한다고 했다.

이 이야기를 들으니 소설 속 수용소에 수용된 사람들의 처지에 대해서 조금이나마 더 잘 이해할 수 있었다. 그들은 탈옥을 못하는 것이 아니라 안 하는 것이었다. 탈옥을 했다간 추위에 금세 노출되어서 얼마 도망가지도 못하고 얼어 죽을 것이 뻔하기 때문이다. 만약 그의 설명이 없었다면 그날 우리의 모임은 수박 겉핥기식의 토론이 되었을 것이다.

독서 슬럼프를 대비하고 지혜롭게 극복한다

먼 바다를 항해하는 배가 항상 순풍에 돛을 단 듯 순탄하게 항해하지는 않는다. 항해를 하다 보면 거센 비바람, 눈보라, 거친 파도 등 수많은 시련이 닥쳐오게 마련이다. 이런 시련을 수없이 이겨낸 사람만이 마도로스(최고의 선원)가 될 수 있다. 독서도 마찬가지다. 독서 목표를 향해 순탄하게 나아가다가 어느 순간 슬럼프가 찾아오는 때가 있다.

슬럼프의 가장 큰 특징은 어느 순간 예고 없이 찾아온다는 것이다. 독서에서 슬럼프는 갑자기 독서의 진도가 나가지 않을 때와 독서의 의욕이 떨어질 때다. 한 단계 더 성장하기 위해서는 슬럼프를 극복해야 한다. 슬럼프에서 빠르게 회복하는 방법을 살펴보자.

성장통임을 인지하라

슬럼프를 극복하는 데 가장 먼저 할 것은 슬럼프를 인지하는 것이다. 그래야 슬럼프의 원인이 무엇인지 파악하고 그에 맞는 극복 방법을 찾을 수 있다. 그렇다면 슬럼프가 왔다는 신호는 어떻게 알 수 있을까?

독서를 하다 보면 어느 날 갑자기 책이 잘 넘어가지 않을 때가 있다. 여기에는 여러 가지 이유가 있다. 만약 니체의 《차라투스트라는 이렇게 말했다》를 읽고 있다면 책 내용이 어려운 탓일 공산이 크다. 니체의 저작 자체가 중간중간 이해하기 힘든 부분이 있으므로 책장이 제대로 넘어가지 않는 것이다. 이 책은 대부분의 사람이 어려운 책이라 생각하기 때문에 슬럼프의 신호라고 보기 어렵다. 반면에 이기주의 《언어의 온도》와 같은 책을 읽을 때 책장이 안 넘어간다면 이것은 슬럼프가 왔다는 신호로 보아도 좋다. 《언어의 온도》는 책장이 수월하게 넘어가는 책인 까닭이다. 이런 책이 안 넘어간다면 뭔가 이상이 왔다는 신호로 봐야 한다.

힘을 줄 수 있는 사람을 만나라

미국의 16대 대통령 에이브러햄 링컨은 노예해방을 앞두고 고민하고 있을 때 일리노이주에 있는 친구를 백악관으로 불렀다. 대통령이 백악관으로 초청할 정도면 그 방면에 전문가쯤이라고 생각하겠지만, 링컨이 부른 사람은 그냥 자신의 '죽마고우'였다.

링컨은 친구를 불러놓고 혼자서 노예해방에 대해 구구절절 이야기했다. 당시 그의 친구는 링컨의 이야기가 끝날 때까지 단 한마디도 하지 않았다. 뭔가 이상하지 않은가? 멀리 사는 친구를 불러놓고 자신의 이야기만 하는 친구라니. 링컨의 행동이 선뜻 이해가 되지 않을 수도 있다. 하지만 이는 한 면만 보는 것이다.

링컨의 친구는 백악관을 나서기 전 비서로부터 대통령의 표정이 오전과는 다르게 밝아졌다는 이야기를 들었다. 대통령 비서관은 곧이어 무슨 비결이라도 있었던 것이냐고 그에게 물었다. 이때 링컨의 친구는 이렇게 대답했다.

"대통령은 단지 자신의 이야기를 들어줄 사람이 필요했던 것입니다. 그래서 편한 친구인 나를 불렀고, 나는 들어주는 일에 충실했을 뿐입니다."

힘든 일이 있을 때 이를 들어주는 사람은 고마운 존재다. 독서로 슬럼프가 왔을 때도 자기 이야기를 들어줄 수 있는 사람을 찾아보자. 특히 슬럼프가 깊어지기 전 이들을 만나서 이야기하고 조언을 받으면 더욱 좋다. 특히 이 사람이 독서 멘토라면 더없이 좋다. 설령 조언을 받지 못한다고 해도 자기 이야기를 끝까지 들어주는 것만 해도 상당히 도움이 된다.

나도 힘들 때 친한 친구에게 내 이야기를 털어놓는다. 이때 아무런 조언을 받지 못한다고 하더라도, 친구가 내 이야기를 들어준 것만으로도 많은 도움이 되었다. 독서와 관련된 것이라면, 평소 독서에 대해서 중요하지 않게 생각하거나 독서를 방해했던 사람은 배제하는 것이 좋다. 아무리 힘들어도, 독서로 힘들 때 독서를 싫어하는 사람을 만날 수는 없으니까.

다른 사람의 멘토가 되어라

독서 슬럼프는 나의 이야기를 다른 사람에게 이야기하면서 극복할 수도 있지만 내가 다른 사람의 이야기를 들으면서도 극복할 수 있다. 즉 다른 사람의 멘토가 되는 것이다. 특히 독서 초보자들에게 자신의 노하우를 알려주는 것은 매우 좋은 슬럼프 극복법이다.

나도 몇 차례 독서 초보자들을 도와준 적이 있다. 그때마다 초심으로 돌아갈 수 있고, 예전의 모습을 떠올릴 수 있었다. 게다가 그들을 도와주는 과정에서 오히려 내가 많은 것을 배우기도 했다. 독서를 하는 사람들은 서로 경쟁자가 아니라 동지이기 때문에 기꺼이 힘들 때 도와줄 수 있다.

독서하는 사람들 중에 '내가 독서한 지 얼마 안 되는데, 초보자들한테 무슨 도움이 될까?'라고 생각하는 사람들이 종종 있다. 하지만 그런 걱정은 하지 않아도 된다. 큰 도움이 아니라 작은 도움이라도 주면 된다. 만약 주위에 독서를 하는 사람이 없다면 그들에게 독서를 권하는 것도 좋은 방법이다. 왜 독서가 필요한지 역설하는 동안 독서할 수 있는 힘을 되찾을 수 있다.

독서를 하면 슬럼프는 반드시 오게 마련이다. 독서를 통해 나를 변화시키는 과정은 슬럼프를 극복하는 과정이기도 하다. 그러니 슬럼프가 왔다고 불안해하지 말고 각자가 할 수 있는 방법으로 극복해보자.

저자에게 질문하고 답을 찾는 자세로 읽는다

독서의 장점에는 여러 가지가 있다. 그중 가장 큰 장점은 저자와 대화할 수 있다는 것이다. 저자와의 대화라고 하면 대개 저자를 찾아가거나 저자와 전화 통화를 하는 것이라고 생각하기 쉽다. 사실 저자와 직접 대화하는 것이 가장 효과가 크긴 하다. 하지만 저자와 대화하려면 일정을 조율해야 하고 설사 만나더라도 시간 제한이 있어 궁금한 것을 모두 물어보기 힘들다. 그나마도 이것은 저자가 현존해야 가능하다. 저자가 몇백 년 전의 사람이라면 이마저도 불가능하다. 하지만 책을 통해서는 시간에 구애받지 않고 현존 인물이 아니더라도 얼마든지 대화를 나눌 수 있다.

책을 통해 저자와 대화하는 것은 질문을 통해서 할 수 있다. 예를 들어 저자 생각과 내 생각이 다를 때 왜 저자는 그렇게 생각하는지를 알아보는 것이 바로 저자에게 질문을 하는 방법이다.

의문에서 시작된 시대 찾기

다음은 《홍길동전》의 일부다. 어떤 질문이 떠오르는지 염두에 두고 읽어보자.

> 화설(話說),
>
> 조선조 세종대왕 시절에 한 재상이 있었으니, 성은 홍이요 이름은 아무개였다. 대대로 유명한 가문의 자손으로 어린 나이에 과거에 급제하여 벼슬이 이조판서에 이르니, 그 명성이 조정에 으뜸이요 충효를 겸비하기로 온 나라에 진동하였다. 일찍이 두 아들을 두었는데, 한 아들은 이름이 인형이니 정실 유 씨 소생이요, 또 한 아들은 이름이 길동이니 몸종 춘섬의 소생이었다.
>
> 공이 길동을 낳기 전에 꿈을 꾸었다. 갑자기 천둥 번개가 진동하고 청룡이 수염을 거구로 하고 공에게 달려들거늘, 놀라서 깨어보니 한바탕 꿈이었다. 크게 기뻐한 공은 즉시 내당(內堂)으로 들어가 부인 유씨를 찾았다. 유씨가 앉은자리에서 살며시 일어나는 순간, 공은 급하게 유씨의 손을 잡으며 품속으로 끌어당겼다.
>
> 그러자 부인이 정생을 하며 말했다.
>
> "상공은 평소 몸가짐을 바르게 하시는 분이시옵니다. 그런데 이어찌 연소경박자(年少輕薄者)의 천한 행동을 흉내내고자 하십니까?

소첩은 그에 따를 수 없사옵니다."

부인이 공의 다정한 손길을 떨치고 나가버리자 공은 겸연쩍기도 하고 분하기도 해서 마음을 다잡지 못하고 외당(外堂)에 나와 부인의 고지식함을 한탄하였다.

그때 마침 계집종 춘섬이 차를 올리자 그 단아한 태도에 마음이 끌려 공은 춘섬을 이끌고 곁방에 들어가 인연을 맺었다. 춘섬의 나이 십팔 세 때의 일이었다. 한 번 몸을 허락한 후로 바깥출입을 삼가고 타인을 취할 뜻이 없으니 공이 기특하게 여겨 춘섬을 첩으로 삼았다. 과연 그달부터 태기가 있어 열 달 만에 옥동자를 낳으니, 기골이 비범하여 정녕 영웅호걸의 기상이었다. 공이 한편으로는 기뻐하나 정실부인에게서 태어나지 못함을 한탄하였다.

– 허균, 《홍길동전》

《홍길동전》의 배경은 조선 세종 때다. 세종 때인 조선 초기까지만 해도 서얼의 차별은 그리 심하지 않았다. 이러한 사실은 《조선왕조실록》에서 찾아볼 수 있다. 그래서 당시는 신분이 낮다고 하더라도 능력만 있으면 관직에 오르는 문이 어느 정도 열려 있었다.

《세종실록》에는 동래부 관노 출신 장영실이 능력을 인정받아 종3품 대호군까지 올라간 사실이 기록되어 있다. 뿐만 아니라 24년간 정승의 자리에 있었고, 그중 18년은 '일인지하 만인지상(一人之下 萬人之上)'의 자리인 '영의정'에 있었던 황희도 '얼자'다. 이 사실은 《세종실록》에 "황희는 판강릉부사 황군서의 얼자"라는 기록으로 남아 있다. 또한 《단종실록》

즉위년 7월 4일의 기록에는 "황희 또한 일찍이 스스로 말하기를, '나는 정실(正室)의 아들이 아니다'라고 하였다"고 나와 있다. 그렇기 때문에 홍길동이 "아버지를 아버지라 부르지 못하고, 형을 형이라 부르지 못한다"는 설정은 시대 상황과 맞지 않다. 그렇다면 허균은 왜 《홍길동전》의 배경을 세종 시기로 했을까? 이 책을 읽으면서 가장 궁금했던 것이 시대적 배경이었다. '왜 하필 세종 시기로 했을까? 다른 때로 할 수도 있었는데'라는 의문을 가졌다. 의문에 대한 답을 찾기 위해 나는 허균이 생존했던 시기와 그 이전 시기의 왕들에 대해서 조사했다.

허균이 생존했던 시기는 선조와 광해군 시기였다. 그리고 이때 허균이 관직에 있었으므로 소설의 배경을 이 시기로 잡을 수는 없었다. 이제 남은 것은 허균이 살았던 시기보다 앞선 시기밖에 없다.

백성을 구제하고 탐관오리를 혼내주는 홍길동의 행동으로 볼 때 태조·정종·태종 시기를 배경으로 하기에는 적절하지 않다. 분명 당시 실세인 태종 이방원의 손에 잡혀 금세 사형당했을 것이 논리적으로 타당하기 때문이다. 이와 같은 이유에서 문종·단종·세조의 시기도 소설의 배경이 되기에 적절치 않다. 그때의 실세 역시 단종을 살해하고 왕위에 오른 잔혹한 수양대군(세조)이었기 때문이다. 예종과 인종은 재위 기간이 짧고 병석에 누워 있었기 때문에 배경으로 맞지 않았고 연산군은 자타가 공인하는 폭군이라 《홍길동전》의 배경이 되기에는 무리가 있다.

드라마 〈여인천하〉의 배경이기도 했던 중종과 명종 시대는 신권이 왕권보다 강했던 때이므로 왕의 실정을 드러내기에는 적절치 않다. 게다가 중종은 이복형 연산군의 폭정에 의해 신하들에게 옹립되었고, 명종은 이복형 인종이 후사 없이 왕위에 오른 지 1년도 안 되어 승하하자 급하게 왕에 오른 인물이다. 결론적으로 둘은 애초 왕이 될 수 없었던 위치에 있다가 타의로 왕이 된 경우다. 이런 배경을 가진 왕이 신하들의 반대를 무릅쓰고 왕권에 직접적인 위협을 가할 수 있는 병조판서 자리를 홍길동에게 내준다는 설정을 할 수는 없었을 것이다. 병조판서는 군사를 지휘하는 자리라 믿을 만한 사람이 아니면 그 자리에 앉히지 않았다. 이런 이유로 중종과 명종 시기 역시 《홍길동전》의 배경이 될 수 없다.

이제 남은 건 세종과 성종이다. 성종은 묘호에서 보듯 법전인 《경국대전》을 완성시키는 등 제도를 정비한 왕이다. 게다가 정치를 잘했던 왕이기도 하다. 하지만 그도 애초에 왕이 될 수 없는 위치에 있었다. 성종은 어린 나이에 사망한 의경세자의 차남이다. 예종의 친형이던 의경세자는 일찍 죽은 예종을 대신해 왕위에 올랐다. 예종에게는 아들(제안대군)이 있었으나, 왕비인 정희왕후 윤씨와 신숙주, 한명회 등 훈구대신의 정치적 이해관계에 따라 왕에 오른 것이다. 이런 배경을 볼 때 성종 역시 신하의 입김을 무시할 수 없는 시기여서 《홍길동전》의 배경으로는 적절치 않다.

이렇게 왕들을 비교하다 보니 어느새 결론에 이르게 되었다. 남은 왕은 이제 세종 한 명뿐이다. 세종은 아버지 태종이 왕권 강화에 방해가 되는 세력을 전부 제거했기에 다른 왕들에 비해 왕권 강화를 하는데 용이했다. 그래서 과학기술 발전, 훈민정음 창제 등 자신의 뜻을 마음껏 펼칠 수 있었다. 게다가 세종의 인품을 봤을 때 능히 홍길동을

품을 수 있는 왕이었기에 허균은《홍길동전》의 배경으로 세종을 택한 게 아닐까, 하는 합리적인 결론에 다다르게 되었다. 나에게《홍길동전》은 시대적 배경의 이유를 찾다가 역대 조선 왕조의 계보를 면밀히 살펴보는 계기를 가져다준, 매우 홍미롭고 재미있는 독서 체험으로 남아 있다.

독서는 저자와의 대화다

《홍길동전》의 시대적 배경이 어떤 합리성을 띠는지를 추적하는 과정을 앞에서 소개했다. 독서는 책의 내용에 끊임없이 질문을 던지는 과정이라고 할 수 있다. 독자의 질문과 이에 대한 답을 찾는 과정은 곧 저자와의 대화를 의미한다.

또 저자와의 대화는 저자의 생각과 자신의 생각을 비교해볼 수 있는 기회가 된다. 책을 읽다 보면 저자의 생각에 동의할 때도 있고, 그렇지 않을 때도 있다. 예를 들어 존 스튜어트 밀의《자유론》을 읽고, 나는 언론·집회·결사의 자유가 보장되어야 한다는 말에 동의했다. 하지만 동양 문화가 서양 문화보다 미개하다는 주장에는 동의할 수 없었다.

밀은 동양에서는 단 한 차례도 민중들이 왕을 자리에서 끌어내린 적이 없다는 이유로 동양의 미개성을 주장했다. 그도 그럴 것이 그가 살던 시대에는 프랑스혁명, 권리장전, 권리청원, 미국 독립전쟁 등 민중의 다양한 권리 주장이 활발히 펼쳐졌던 반면 동양은 여전히 전제왕권에 머물러 있었기 때문이다.

이제 밀이 주장하던 시대는 지나갔다. 21세기는 다르다. 지난 2017

년 대한민국 국민은 피 한 방울 흘리지 않고 최고 권력자를 자리에서 끌어내렸다. 이것은 어찌 보면 프랑스혁명보다 더 위대한 일이다. 이 장면을 밀이 봤다면 자신의 주장에 오류가 있었음을 인정했을 것이다.

저자와 대화를 하다 보면 나 자신이 한 단계 업그레이드되는 것을 느낄 수 있다. 그러니 독서를 통해 무언가를 얻고 싶다면 저자와 대화하자.

단순히 활자 읽기에 그치지 말고 사색으로 확장한다

동서고금을 막론하고 석학들은 진정한 독서가 되려면 반드시 '사색'해야 한다고 주장한다.

> 배우기만 하고 생각하지 않으면 얻는 것이 없고, 생각하고 배우지 않으면 위태롭다.
>
> – 공자

> 마음의 기능은 생각한 것이다. 생각하면 얻는 것이 있지만 그러지 않으면 얻는 것이 없다.
>
> – 맹자

> 낮에 읽는 것은 반드시 밤에 사색해야 한다.
>
> – 퇴계 이황

> 책을 읽으면 반드시 그 이치를 궁리하고 탐구해야 한다.
>
> – 율곡 이이

> 독서는 단지 지식의 재료를 얻는 것에 불과하다. 그 지식을 자기 것으로 만드는 것은 오직 사색의 힘으로만 가능하다.
>
> – 존 로크

> 내 통찰력의 근원은 끊임없는 독서와 사색이다.
>
> – 앨빈 토플러

그렇다면 이들은 왜 그런 주장을 했을까? 아무리 책을 많이 읽는다 하더라도 그 속에 담긴 의미를 제대로 알지 못하면 책을 읽지 않은 것이나 마찬가지이기 때문이다. 책 속에 담긴 의미를 찾기 위해서는 반드시 사색이 동반되어야 한다.

그런데 사색이라고 하면 대부분이 어렵게 생각한다. 또 사색을 어떻게 해야 되는지 모르는 사람이 많다. 사실 사색은 생각하고 또 생각하는 것이다. 존 로크의 말처럼 독서를 통해 얻은 지식을 내 것으로 만들기 위해서는 생각하고 또 생각해야 한다.

사색은 독서를 통해 얻은 지식을 적극적으로 현재 내가 처한 환경에 적용해보는 것이다. 그래서 그 무엇보다 사색하기 전에 저자가 활동했던 시대와 지금 내가 활동하는 시대에 대해서 정확히 알아야 한다. 그래야 두 시대를 비교하고 내가 살고 있는 시대에 맞게 적용할 수 있다.

현재 상황에 적용하는 방법을 찾아라

율곡 이이의《동호문답》은 인재를 얻는 과정과 리더십에 대해서 기술한 책이다. 이 책은 율곡이 유교의 입장에서 본 리더십에 대해 이야기하고 있다. 그래서 요순시대를 최고의 시대라고 생각하고, 진정한 리더는 소열황제(유비) 이후 끊겼다고 생각한다. 이것은 유교의 입장에서 보면 충분히 이해되는 일이다. 우리 역사에 인재를 얻으려고 유비처럼 아들 뻘 되는 사람의 집에 세 번이나 찾아가 간곡히 청한 사람이 없는 것을 보면 율곡의 생각이 완전히 틀리다고 할 수도 없다. 하지만 다양한 시선을 요구하는 오늘날의 상황에서 이 말을 그대로 적용하기에는 무리가 있다.

《동호문답》에서 율곡은 삼국시대, 남북국시대(신라와 발해), 고려시대를 폄훼하고 있다. 전형적인 성리학자의 입장에서 역사를 바라본 결과다. 물론 율곡이 살았던 시대 상황을 감안한다면 그의 입장을 충분히 이해할 수 있다. 하지만 역사를 통사적으로 바라보면 삼국, 남북국시대, 고려시대가 조선보다 못한 시대라고는 결코 볼 수 없다. 어떤 면에서는 더 좋은 시대였다고 말할 수 있는 요인도 분명히 있다.

고구려 장수왕은 아버지 광개토대왕의 업적에 가려진 측면이 있지만, 그는 조선의 세종만큼이나 백성을 깊이 아끼고 생각했다. 그는 필요 없는 전쟁은 아예 하지 않았다. 이는 장수왕 시기 전쟁이 단 한 차례, 그것도 즉위 63년 되던 82세 때 백제를 공격한 것 빼고는 없었다는 사실이 이를 증명한다. 이런 치세는 장수왕이 우리 역사 최고의 외교 전문가였기에 가능했다. 중국의 역사서나 이를 참조한 《삼국사기》에는 장수왕이 조공 외교를 했고 따라서 주변 국가에 허리를 숙였다고 오해할 수 있는데, 이는 잘못된 생각이다.

당시 고구려는 동북아 최강국이었다. 그래서 주변 국가에 허리를 숙일 어떠한 이유도 없었다. 그런 측면에서 조공 또한 다른 측면에서 봐야 한다. 장수왕이 주변 국가에 한 조공은 전쟁을 막기 위한 일종의 장치였다. 장수왕은 주변 국가에 조공을 보낼 때 사신과 함께 정예 부대를 같이 보냈다. 이는 마치 미국이 중국에 외교관을 보낼 때 항모 전단을 같이 보내는 것과 같았다. 허튼 수작을 부리면 가만 안 두겠다는 자신감이 미국의 이런 행동을 가능하게 하듯 장수왕에게도 똑같은 자신감이 있었다. 장수왕의 조공은 주변 국가들이 허튼 수작을 부리지 못하게 원천 봉쇄하는 방침이었던 것이다.

우리 역사에 장수왕처럼 주변 국가에 당당했던 군주는 없다. 이것만 보더라도 고구려는 조선보다 못한 국가가 전혀 아님을 알 수 있다. 우리나라의 영어 이름 Korea는 고려에 온 서역 상인이 고려를 자신의 언어로 발음한 것에서 유래했다. 고려의 문화를 보더라도 우리 역사에서 가장 찬란했던 문화임이 증명되지 않는가.

오늘날은 율곡처럼 중화사상에 갇힌 시각에서 벗어나 다원적 입장에서 세상을 바라봐야 한다. 즉 '세상의 중심이 내가 서 있는 곳'이라는 시각으로 바라봐야 한다. 그런 의미에서 율곡이 낮게 평가했던 세종의 리더십에 대해서는 다시 생각해봐야 한다. 율곡은 세종 때를 정치적·문화적으로 가장 좋았던 시절임에 이의를 달지는 않지만 중국의 리더들과 비교할 때 부족한 면이 있었음을 지적한다. 그러나 나는 이 같은 지적도 편협한 시각에 근거한다고 생각한다. 세종은 중국의 어느 군주와 비교해도 뒤처지지 않았던 군주다. 중국의 어느 군주도 능력을 중시해 노비를 인재로 발탁한 적이 없으며, 조세제도 개혁을 위해 (비록 노예와 여성을 제외했을지라도) 모든 백성에게 의견을 묻는 이른바 국민투표를 한 적이 없다.

이런 점에서 《동호문답》의 한계는 분명하다. 하지만 인재를 능력에 따라 적재적소에 배치해야 된다는 주장 등은 오늘날에도 매우 진보적으로 받아들여지는 주장이다. 인재를 구하기 위한 리더십의 중요성을 주장했기에, 우리는 지금도 옛 서적 《동호문답》을 읽고 오늘날 적용할 수 있는 리더십은 어떤 것인지, 어떻게 하면 인재를 적재적소에 배치할 수 있는지를 율곡의 지혜로부터 배울 수 있는 것이다.

사색은 실천이다

생각하고 또 생각하는 것은 사색의 전부가 아니다. 이것은 사색의 절반에 불과하다. 나머지는 사색한 것을 현실에 적용하는 일이다. 이 일은 사색의 결과가 현실에 맞는지 아닌지를 확인하는 과정이 된다.

이순신 장군이 임진왜란 때 왜적을 바다 한가운데로 유인해서 싸운 것은 '사색의 결과'였다. 만약 육지에 있는 왜적을 함포로 공격한다면, 첫째로는 아군의 공격에 무고한 백성들이 희생될 수 있었다. 둘째로는 살아남은 왜적들이 백성들을 죽일 가능성이 있었다. 그래서 장군은 사색 끝에 백성의 피해를 최소화하는 방법을 선택할 수밖에 없었다. 이 결론은 적중했다. 바다 한가운데로 유인당한 왜적들이 도망갈 길은 전무했기 때문이다.

게다가 이순신은 조선 수군에 유리한 상황을 만들어놓고 전투를 시작했다. 이것은 《손자병법》에 나오는 "승리하는 군대는 먼저 이겨놓고 싸운다(勝兵先勝以後求戰)"는 구절을 읽고 사색한 결과물이다. 이순신의 23전 23승은 우연히 나온 것이 아니라 깊은 사색의 결과였다.

이순신처럼 사색의 결과를 현실에 바로 적용할 수 있으면 그대로 적용하면 된다. 하지만 적용하기에 무리가 있다면 다른 방법을 찾기 위해 사색해야 한다. 이러한 과정에서 좋은 방법이 나올 수 있다.

그리고 사색은 통할 때까지 해야 한다. 책을 읽고 책의 내용이 무엇을 뜻하는지 제대로 알 때까지 하는 것이 사색이다. 그리고 제대로 아는 것으로 끝나는 것이 아니라 실천을 통해 현실과 맞는지 확인하는 과정을 반드시 거쳐야 한다. 독서도 '사색'이 동반되지 않으면 반쪽짜리에 불과하다. 나를 변화시키려면 책을 읽는 것으로 그치는 것이 아니라 끊임없이 생각하고, 그 결과물을 현실에 적용해야 비로소 완성할 수 있음을 명심하자.

7장

1년 100권 STEP 4

1년 100권 읽기를 5년 지속하기

책 읽기에 익숙해졌으면 3개월분 독서 계획표를 작성한다

2012년, 나는 최수창 박사의 시간 관리 강의를 들을 기회가 있었다. 강의에서 그는 직접 작성한 '프랭클린 플래너'를 통해 시간 관리를 어떻게 하는지 자세히 설명했다. 그중 가장 기억에 남는 것이 "한 달 계획을 세우려면 우선 하루 계획부터 제대로 세워야 된다"는 말이었다. 그 외에도 "하루의 계획이 모여서 일주일이 되고, 일주일이 모여 한 달이 되는 것"이라는 말도 기억에 남았다. 강의 자리에서 그는 그동안 작성했던 플래너를 공개했다.

그의 플래너에는 시간별로 계획이 적혀 있어서 하루 스케줄을 파악하기 쉬웠다. 계획표 옆에는 이것이 중요한 것인지 아닌지도 표시되어 있었다. 그가 그렇게 표시를 하는 이유는 두말 할 것 없이 중요한 것을 먼저 처리하기 위해서다. 이처럼 계획표를 작성하면 하루 중 어느 시간이 비어 있는 시간인지 쉽게 확인할 수 있다. 또 비는 시간에 예상치 않았던 고객의 방문이나 기타 다른 일을 처리할 수도 있다. 게다가 중요한 약속이 몇 시에 있는지 잊어버리지 않을 수 있어서 꽤 효율적이다.

독서도 이와 같다. 독서를 하려면 독서를 어떻게 할 것인지 계획을 짜야 한다. 90일 동안 독서를 심화하는 경우 한 달 단위의 계획을 작성해야 한다. 한 달에 몇 권의 책을 읽을 것인지, 하루에 독서 시간을 언제로 할 것인지, 몇 시간 정도 할애할 것인지 구체적으로 계획을 세우면 독서를 하는 데 도움이 된다.

계획은 구체적으로 작성하라

독서 계획표를 작성할 때는 구체적으로 계획을 작성해야 한다. 한 달에 10권의 책을 읽겠다고 결심했다면 한 권의 책을 읽는 데 어느 정도의 시간을 할애할지를 정해야 한다. 그리고 하루에 어느 정도 읽을지도 정해야 한다. 한 권의 책을 읽는 데 걸리는 시간은 책마다 다르고, 개인 스타일에 따라 다르기 때문에 자신의 스타일에 맞춰서 정하는 것이 좋다. 나도 독서에 대한 목표를 세울 때 계획표를 작성한다. 그중 하나를 소개하겠다.

2012년 9월, 나는 한 달 동안 고전 5권 읽기에 도전했다. 도전에 앞서 다음과 같이 독서 계획을 작성했다. 내가 작성한 계획표는 간단하게 한 달 계획을 작성한 것이다. 여기에는 읽을 책, 읽을 시간, 세부 계획 등이 포함되어 있다. 나는 이 계획표대로 독서를 했다. 그리고 주말

읽을 책	《논어》, 《맹자》, 《인간 불평등 기원론》, 《소크라테스의 변명》, 《성학십도》
세부 계획	1~12일: 《논어》 총 20장을 하루에 2개 장씩 읽기(주말 제외) 13~23일: 《맹자》 총 14장을 하루에 2개 장씩 읽기(주말 제외) 24일: 《인간 불평등 기원론》 25일: 《소크라테스의 변명》 26~30일: 《성학십도》 총 10장을 하루에 3개 장씩 읽기(주말 제외)
읽을 시간	출퇴근 시간 지하철 안, 퇴근 후 2시간

에는 고전을 읽지 않았다. 고전을 읽다 보니 어려워서 힘들었기 때문에 중간중간 휴식을 취할 필요가 있다고 판단했던 것이다. 이 시간에는 영화, 뮤지컬 관람, 야구경기 관람 등 취미 생활을 통해 스트레스를 해소했다.

부담은 금물이다

내가 Reading부산 독서 토론 모임을 운영해오면서 멤버들에게 자주 듣는 질문 중의 하나가 "어떻게 하면 책을 꾸준히 읽을 수 있을까요?"라는 것이다. 이 질문을 들을 때면 항상 "책을 읽는 데 부담을 가져서는 안 된다"고 조언해준다. 어떤 일이든 부담을 가지면 완수하기도 어렵지만 완수해도 보람을 느끼지 못하는 경우가 많다.

이것은 독서 계획을 짤 때도 마찬가지다. 다른 사람이 한 달에 10권을 읽겠다고 계획했다고 해서 자신도 똑같이 계획해서는 안 된다. 물론 자신의 의지가 한 달 10권을 목표로 한다면 상관없다. 그러나 남의 계획을 따르거나 막연히 일정한 수준을 상정하고 이를 좇아간다면 실패할 확률이 높다. 자신이 실제로 행할 수 있는 목표를 정해서 읽는 것이 중요하다. 그래야 책을 읽는 데 부담이 없고, 꾸준한 독서를 실천할 수 있다. 한번 성공하면 성공 DNA가 작동해서 그 후에는 더 높은 목표에 도전해서 성공할 확률이 높다.

그리고 남들이 읽는 책이라고 해서 무작정 따라 읽는 일도 지양해야 한다. 사람마다 선호하는 장르가 다르다. 게다가 다른 사람이 쉽다거나 재미있다고 생각해서 추천해준 책이 오히려 자신에게는 어려울 수 있다. 이렇게 되면 책 한 권을 제대로 읽을 수 없다. 부담 없는 책을 선택하라. 어떤 책이 부담이 없고 읽기 편한지는 자신이 가장 잘 안다. 이것이 자신이 읽을 책을 자신이 직접 선택하라고 조언하는 이유다.

이렇게 한 달 단위의 계획을 작성하고 실천하면 날이 갈수록 독서의 목록이 쌓이게 된다. 이런 식으로 1년이 지나고 2년이 지나면 독서가 습관으로 자리 잡을 수 있다. 그러다 보면 자기 자신을 크게 변화시킬 수 있고, 인생의 판도 바꿀 수 있게 된다.

꾸준히 독서에 몰입할 수 있는 환경을 조성한다

독서하는 시간만큼은 오로지 읽는 데 집중해야 효과가 높다. 그러기 위해서는 책에 집중할 수 있는 환경을 만들어주는 것이 중요하다. 독서에 집중할 수 있는 환경은 개인마다 다르다. 그래서 어떤 것이 옳은 방법이고 어떤 것이 그른 방법이라고 단정할 수 없다. 자신에게 가장 잘 맞는 것이 가장 좋은 방법이다.

그렇다 하더라도 독서에 방해가 되는 습관은 반드시 고쳐야 한다. 안 좋은 습관이 형성되는 이유는 십중팔구 주변에 방해 요소가 있기 때문이다. 그 가운데 최고가 단연 스마트폰이다. 스마트폰은 인터넷 검색, 게임, 영화 시청 등 많은 것을 제공할 뿐 아니라 날마다 새로운 콘텐츠를 무궁무진하게 쏟아낸다. 이제 스마트폰은 우리 일상에서 떼려야

뗄 수 없는 필수 도구가 된 듯하다.

스마트폰 사용이 일상화되다 보니 독서에 온전히 집중할 시간이 턱없이 모자라다. 독서를 한다 한들 집중력을 발휘하기 힘들뿐더러, 몰입할 수 있는 환경을 조성하기도 매우 어렵다. 그렇다면 독서에 몰입할 수 있는 환경은 어떻게 만들 수 있을까?

스마트폰은 멀리할수록 좋다

나는 독서 초보자들에게는 전자책을 권하지 않는다. 독서 습관이 형성되어 있지 않으면 전자책을 읽다가도 수시로 카카오톡 메시지 확인이나 뉴스를 검색하는 듯 딴짓에 빠질 확률이 높기 때문이다.

사람들에게 하루만 스마트폰 없이 살아보라고 하면 대다수가 "스마트폰 없이는 단 1분도 살 수 없다"고 답할 것이다. 나도 처음에는 그랬다. 하지만 몇 년 전 수도원에서 1박 2일 '수도원 스테이'를 하면서 이런 생각을 바꾸게 되었다. '수도원 스테이' 기간에는 스마트폰을 반납해야 한다. 명상을 통해서 자신을 온전히 돌아보는 데 스마트폰이 방해가 되기 때문이다.

처음 수도원 스테이를 시작했을 때는 스마트폰을 사용하지 못해 불안했다. 그러나 명상에 집중하고 수도원의 프로그램을 따라가다 보니 불안감이 사라졌고 오히려 집중력이 높아짐을 느꼈다. 그렇지만 1박 2일 내내 수도원에서 명상만 하는 것은 아니었다. 식사도 하고 쉬는 시간도 있다. 처음엔 이 시간이 심심할 것이라 생각했지만 그것은 기우였다.

수도원 스테이에 참석한 사람들은 쉬는 시간을 서로를 알아가는 시간으로 활용했다. 그래서 자기소개와 함께 상대에 대해서 궁금한 것이 있으면 서로 묻고 답했다. 이 시간을 서로에게 조금 더 다가갈 수 있는 계기가 되는 시간으로 삼았으며, 자신을 들여다보는 성찰의 시간으로 썼다. 이때 나는 스마트폰과 잠시 멀어져도 아무런 문제가 없음을 알았다.

스마트폰을 멀리하는 일은 독서를 할 때도 매우 유용하다. 책 읽는 시간만큼은 스마트폰을 눈에 보이지 않는 곳에 두자. 가령 가방 안에 무음으로 해서 두는 것도 좋은 방법이다. 그러면 온전히 책에 집중할 수 있다. 전화나 메시지는 책을 읽고 나서 확인해도 늦지 않다. 상대에게 양해를 구하면 상대도 이해를 해준다.

자신만의 몰입 환경을 만들어라

나는 책을 읽을 때 어느 정도 소음이 있는 환경을 선호한다. 아무 소음이 없는 환경에서는 초반에는 집중이 잘되지만 시간이 가면 자동으로 눈이 감기기 때문이다. 소음이 있으면 오히려 집중이 잘되었다.

나에게는 자동차가 지나가는 소리나 어릴 적 자주 들었던 "계란이 왔어요~ 맛 좋고 신선한 계란이 왔어요", "찹쌀떡, 메밀묵" 같은 소리가 독서에 도움이 되는 소리다. 이런 소리는 귀에 거슬리지 않아 집중을 하는 데 아무런 지장이 없다. 그래서 버스나 지하철 안에서 책을 읽을 때 집중할 수 있다.

하지만 록 음악이나 선거 유세 차량에서 나오는 소리는 좋아하지 않는다. 이런 소리는 높은 음역대에서 나오는 것이라 책을 읽는 데 방해가 된다. 2018년 6월 한 카페에서 최인훈의 《광장》을 읽고 있을 때 15분 간격으로 지방선거 유세 차량이 네 번이나 지나갔다. 이때 들리는 소리는 스피커 출력을 크게 해놓아서인지는 몰라도 귀에 상당히 거슬렸다. 결국 읽던 책을 덮을 수밖에 없었다.

처음부터 내가 약간의 소음이 있는 환경을 좋아한 것은 아니다. 초기에는 주변 사람의 조언에 따라 산속처럼 고요한 환경에서 책을 읽었다. 하지만 얼마 안 가 집중을 할 수 없어 이 방법이 나와 맞지 않다는 것을 알았다. 그러던 중 나만의 방법을 찾으라는 조언을 듣고, 몇 번의 실패 끝에 지금의 방법을 찾았다.

절처럼 고요한 환경에서 몰입을 잘하는 사람이 있고, 나보다 더 큰 소음 속에서 집중을 잘하는 사람도 있다. 이처럼 독서에 몰입할 수 있는 환경은 개인마다 다르다. 그래서 나는 주위 사람들에게 여러 사람의 방법을 따라 해보라고 권한다. 여러 방법을 쓰다 보면 그 안에 자신에게 꼭 맞는 방법을 찾게 마련이다.

모든 책을 끝까지 읽지 않아도 된다

나는 독서를 계획했다가 실패한 적이 여러 번 있었다. 나의 첫 번째 성공은 2010년 말, 힘든 시기를 보냈을 때 선배의 조언을 듣고 읽었던 날이었다. 그때까지는 책을 읽기로 마음먹고 두세 권 구입하거나 도서관에서 빌려 도전했다. 처음에는 의욕에 넘쳐 책을 읽었다. 그러다가 점차 친구들과 노느라, 재미있는 TV 프로그램을 보느라 책을 멀리하게 되었다. 이런 상황이 계속되다 보니 계획만 거창할 뿐 성공에는 이르지 못했다. 책꽂이에 꽂힌 책만 늘어났고, 그 책들을 보는 것 자체가 부담이 되었다.

몇 번 책 읽기에 실패한 뒤, 나는 계획을 수정해서 단 한 권이라도 제대로 읽어보자고 결심했다. 하지만 막상 책을 펼쳤을 때는 모르는 내용이 많아서 도저히 진도가 나가지 않았다. 억지로 책장을 넘겨보려고 했지만 책에 집중할 수가 없었다. 결국 '다음에 읽어야지'라는 생각을 했지만 정작 책에 손이 가지 않았다.

읽느라 시간 낭비하지 말자

누구나 한 번쯤은 '책을 끝까지 읽어야 한다'는 압박감을 느껴본 적이 있을 것이다. 아이러니하게도 압박감이 심해지면 심해질수록 책을 다시 손에 잡기가 쉽지 않다. 나도 이 강박관념에 갇혀 책을 읽을 때 초기에는 무조건 처음부터 끝까지 읽었다.

그렇지만 내가 선택한 책을 끝까지 읽어야 한다는 생각은 오히려 독서를 방해하는 장애물이 된다. 책을 읽는 목적은 궁극적으로 자신에게 필요한 것을 얻기 위함이다. 진정으로 원하는 책을 읽기도 모자란 시간에 원하지 않는 책을 읽는 것은 시간 낭비다. 그리고 한 권의 책 속에서도 자신에게 필요한 부분과 그렇지 않은 부분을 판단한다면 처음부터 끝까지 읽지 않아도 된다. 책을 읽다 보면 끝까지 읽어야 되는 책이 있고, 끝까지 읽을 필요가 없는 책을 구별할 수 있게 된다. 이를 판단해서 읽으면 보다 효과적으로 독서를 할 수 있다.

끝을 봐야 할 것과 아닌 것들

끝까지 읽어야 할 책으로 대표적인 것이 소설과 자서전이다. 소설은 특성상 끝까지 읽어야 저자가 말하고자 하는 메시지를 이해할 수 있다. 나는 2017년 12월 한 달 동안 빅토르 위고의 소설 《레미제라블》을 읽었다. 마지막 책장을 덮고 나자 빅토르 위고가 이 책을 통해 하고자 하는 메시지를 찾을 수 있었다.

내가 찾은 메시지는 '진정한 용서란 무엇인가?'였다. 진정한 용서가 되려면 먼저 자신을 용서해야 된다. 장발장은 자신을 용서했기에 시위대에 사로잡힌 자베르를 풀어줄 수 있었고 해피엔딩으로 끝낼 수 있었다. 반면에 자베르는 자신을 용서하지 못했기 때문에 자살을 할 수밖에 없었다.

소설뿐만 아니라 자서전도 끝까지 읽어야 할 책이다. 자서전은 한 사람의 일대기를 서술한 것이므로 그 사람의 인생 전체를 알지 못하면 그 사람에 대해서 제대로 이해했다고 볼 수 없게 된다.

내가 최근 감명 깊게 읽은 자서전은 이국종의 《골든아워》다. 현재 아주대학교 외상센터장으로 근무하는 이국종 교수는 이 책에서 자신이 중증외상센터에서 경험하고 깨달은 이야기를 차곡차곡 담아내고 있다. 중증외상 의료 현실에 대한 문제점과 시스템의 부재, 그럼에도 이 안에서도 생명을 지키기 위해 분투하는 사람들의 모습은 외상센터가 반드시 필요한 이유와 정부 지원의 필연성을 자연스럽게 깨닫게 해주었다.

질병을 제외하고 우리나라 사람들이 사망하는 가장 큰 원인은 외상이다. 외상은 초반 응급 처치가 가장 중요하다. 그러나 우리나라에는 중증외상 환자 치료 시스템이 없다. 살릴 수 있는 많은 중증환자가 시스템의 부재로 죽음을 맞는다. 《골든아워》는 이국종 교수가 2002년부터 2018년까지 중증외상센터에서 마주한 삶과 죽음에 관한 보고서다.

중증외상 의료 시스템을 도입하고 정착시키기 위해 싸운 과정이 고스란히 담겨 있다.

이 모든 상황을 이해하기 위해서는 이국종 교수가 아주대학교 의과대학에 입학해서 외과를 선택한 과정부터 살펴보아야 한다. 그는 자신이 의대생일 때나 현재나 외과에 대한 지원은 열악하다고 말한다. 이런 사실을 모른다면 그가 언론에서 외과에 대한 지원, 특히 외상센터에 대한 지원을 호소하는 이유를 이해하기 힘들다.

이외에도 쑹훙빙의 《화폐전쟁》 시리즈, 호아킴 데 포사다의 《마시멜로 이야기》 시리즈처럼 끝까지 읽어야 저자가 전하려는 메시지를 이해할 수 있는 책은 반드시 끝을 봐야 한다.

독립된 주제의 책은 자유롭게 읽자

저자가 말하고자 하는 바가 명확히 드러나는 부분이 있는 책과 주제가 독립적인 책은 굳이 끝까지 읽지 않아도 된다. 앤 마리 사바스의 《오직 스스로의 힘으로 백만장자가 된 사람들의 52가지 공통점》 같은 책은 처음부터 끝까지 읽을 필요가 없다. 이 책의 목차를 보면 각각의 주제가 독립적이다. 그래서 어떤 부분이 내게 필요한 부분인지 목차를 살펴보면 쉽게 판단할 수 있다. 자신에게 필요하지 않은 부분은 읽지 않아도 된다.

나도 이 책은 끝까지 읽지 않았다. 이 책에 나온 방법 중 '내가 필요한 부분'만 골라서 읽었다. 예를 들어 3장인 '충동구매를 막는 물건 구매법' 같은 것은 내가 충동구매를 하지 않기에 읽을 필요가 없었다. 이런 책은 필요한 부분만 읽어도 내가 원하는 것을 얻을 수가 있다.

독서는 책을 읽고 자신에게 필요한 것을 찾는 것이다. 그것을 찾았다면 굳이 나머지 부분을 읽을 이유가 없다. 이것은 시간 낭비에 지나지 않으니 그냥 넘어가자. 그러니 책 한 권을 다 읽어야 한다는 편견을 버리고 부담을 벗어버리자. 그리고 자신이 필요한 부분을 책에서 찾았다면 책 읽기를 그만두어도 좋다. 원하는 대목을 읽고 나서도 나머지를 다 읽으려 애쓰는 것은 시간 낭비에 지나지 않는다. 파워 독서를 한다고 해서 무조건 책을 끝까지 읽어야 하는 것은 아니다. 책을 끝까지 읽고 깨달은 것이 없는 것보다는 원하는 부분만 읽고 깨달음을 얻는 것이 오히려 낫다.

문장력을 높이고 싶다면 팬레터 쓰듯 필사한다

독서를 통해 큰 업적을 남긴 사람들은 예외 없이 책의 내용을 필사했다. 제갈량, 마리 퀴리, 윈스턴 처칠, 퇴계 이황, 손정의 등은 책을 읽은 후 반드시 책의 내용을 필사했다. 특히 퇴계의 경우는 필사를 한 후 주석을 달아서 읽은 책을 완전히 이해하려고 했다. 그는《구선활인심법》을 읽고 필사한 후 주석을 달아서《활인심방》이라는 책을 엮기도 했다. 이들이 책의 내용을 필사한 이유는 저자와 정신적인 교감을 나누기기 위해서였다.

필사하는 두 가지 방법

필사하는 사람들이 선호하는 방법은 크게 두 가지다. 첫 번째 방법은 처음부터 끝까지 한 글자도 빠뜨리지 않고 그대로 베껴 쓰는 것이다. 이런 방법을 선호했던 사람들로는 제갈량, 레오나르도 다 빈치, 퇴계 이황 등을 꼽을 수 있다. 이들은 하루에 적게는 몇 쪽에서 많게는 수십 쪽까지 베껴 썼다. 이렇게 한 권을 다 베껴 쓰고 나면 다음 책으로 넘어갔다. 이 과정을 통해 책의 내용을 다시 음미해보고 저자와 대화도 나누었다.

두 번째 방법은 자신이 읽은 부분 중 중요하다고 생각되는 부분만 베껴 쓰는 것이다. 이것은 다시 구체적으로 두 방법으로 나뉜다. 하나는 중요하다고 생각하는 부분에 밑줄을 긋거나 표시를 하면서 책 한 권을 다 읽은 후 옮겨 적는 방식이다. 또 하나는 중요한 부분을 발견하는 즉시 옮겨 적는 방식이다. 이 방법도 한 권의 필사가 끝난 뒤 다음 책으로 넘어가야 한다.

두 가지 방법 중 자신에게 맞는 방식으로 필사하면 된다. 나는 중요하다고 생각하는 부분만 베껴 쓰는 방법을 좋아한다. 책을 읽을 때 흐름이 끊기는 것을 좋아하지 않아서 중요한 부분에 표시하고, 책 한 권을 끝까지 읽은 후에 옮겨 적는 방식을 선호한다. 이렇게 필사를 한 노트를 세 권이나 가지고 있다.

필사할 때 유의할 사항이 한 가지 있는데, 반드시 책 제목을 기록하라는 것이다. 나는 필사할 때 책 제목을 적지 않아 읽었던 책을 전부 뒤졌던 경험이 있다.

그리고 필사를 한 책을 다시 읽으면 앞서 읽었을 때 미처 파악하지 못했던 것을 발견하는 경우가 많다. 나는 형광펜으로 이 부분을 표시하는데 첫 번째 읽었을 때와 색깔을 다르게 한다. 이렇게 해야 같은 내용을 두 번 옮겨 적지 않을 수 있다. 그리고 이때는 반드시 A4 용지에 적어서 해당 책을 읽고 필사한 노트의 마지막 부분에 붙인다.

중요한 부분만 필사하더라도 그 양이 상당하다. 그래서 이것이 부담으로 느껴지면 제대로 필사할 수 없고, 필사 효과도 볼 수 없다. 그래서 나는 좋아하는 연예인에게 팬레터를 쓰듯이 필사하라고 권한다.

필사는 팬레터 쓰듯이

대학생 시절 나는 가수 이효리에게 여러 차례 팬레터를 써 보낸 적이 있다. 음악에 그다지 관심이 없던 내가 친구의 간곡한 부탁으로 얼떨결에 공연을 보러 간 것이 시작이었다. 마침 당시 공연장 자리가 앞쪽이라 친구와 나는 출연진들을 자세히 볼 수 있었다. 남자 가수들의 공연은 별 흥미가 없어 보는 둥 마는 둥 했다. 하지만 '핑클'이 무대에 올라왔을 때는 달랐다. 졸음이 싹 달아났고, 나도 모르게 시선이 무대로 향했다. 그중 가장 인상에 남았던 멤버가 바로 이효리였다. 그래서 난생처음으로 사인을 받으려고 한참 동안 기다렸다.

그런데 공교롭게도 핑클의 스케줄로 인해 아쉽게 내 앞에서 사인 행사가 끊겼다. 쓰린 마음을 달래기 위해 나는 팬레터를 쓰기 시작했다. 이때까지만 해도 글 쓰는 데 부담을 많이 느꼈지만, 설레는 마음이 있어서 부담 없이 팬레터를 썼다.

필사하는 것을 의무라고 생각하면 부담을 가지기 쉽다. 게다가 많은 내용을 필사하다 보면 손목에 부담이 많이 간다. 그렇기 때문에 의

무감으로 한다면 더욱 중간에 포기하기 쉽다. 필사할 때는 자신을 위해서, 나 자신이 이 일로 한 단계 업그레이드할 수 있다는 생각으로 도전하자. 그러면 베껴 쓰는 즐거움도 느낄 수 있을 것이다.

독서의 아웃풋을 업무와 일상생활에 적용한다

퇴계 이황은 "아무리 책을 통해 '효(孝)'에 대해서 배웠다고 하더라도 실천하지 않으면 책을 읽지 않은 것만 못하다"라고 했다. 이 말은 책을 통해 배운 내용을 실천해야 된다는 뜻이다. 이처럼 독서를 통해 '나'를 변화시키고 인생의 판을 바꾸기 위해서는 책을 통해 깨달은 것을 현실에 적용하는 일이 중요하다.

몇몇 사람들은 "출간된 지 오래된 책은 그 당시의 시대상을 담고 있기 때문에 현재 상황에 적용하는 것이 무리가 있지 않느냐?"고 반문한다. 하지만 그 책이 오늘날까지 꾸준히 읽힌다면 반드시 그럴 만한 이유가 있고, 이는 오늘날에도 적용할 수 있는 부분이 있다는 방증이다. 그러니 현재 상황에 맞춰서 적용하면 된다.

저자의 의도를 파악하라

읽은 책의 내용을 일상생활에 적용하기 위해서는 내용을 정확히 파악해야 한다. 즉 저자의 의도를 정확히 파악해야 한다.

> 한자를 파자해서 살펴보면 경청(傾聽)의 의미가 더 잘 와닿는다. '경(傾)'은 사람을 향해 머리가 기울어지는 것을 나타내는 한자로, 상대방 앞으로 다가가 귀와 관심을 기울인다는 것이다.
> '청(聽)'을 풀이하면 더 심오한 메시지를 얻을 수 있다. 귀 이(耳), 임금 왕(王), 열 십(十), 눈 목(目), 마음 심(心)으로 이뤄진 형태다. '임금처럼 진득하게 귀를 기울이면서 눈을 크게 뜨고 사람을 바라보면 상대의 마음마저 얻을 수 있다'는 의미로 풀이된다.
> 경청은 듣는 일 가운데 가장 품격 있고 고차원적인 행위다. 우리가 타인의 음성을 듣는 행위는 큰 틀에서 보면 '수동적 듣기'와 '능동적 듣기'로 나뉜다.
> 경청은 대화 도중 상대방의 말을 가만히 청취(hearing)하는 '수동적 듣기'가 아니라 상대의 말에 귀 기울인(listening)다음 적절하게 반응하는 '적극적 듣기'에 해당한다.
> 경청은 말을 해석하는 데 그치지 않고 말과 말 사이에 배어 있는 감정은 물론 상대의 목구멍까지 차오른 절박한 말까지 헤아리는 일이다. 맥락적 듣기(contextual listening)라고 해도 무방한 것이다.
>
> – 이기주, 《말의 품격》

저자 이기주가 위의 책에서 경청에 대해서 말하는 이유는 무엇일까? 그 이유는 오늘날 대부분의 사람들이 자기 이야기만 할 줄 알지 상대가 이야기할 때 귀 기울여 듣는 경우는 거의 없기 때문이다. 상대방의 이야기를 귀 기울여 들어야 상대가 하는 말의 의도가 무엇인지를 정확하게 파악할 수 있다. 즉 저자는 자신의 저서를 통해서 '경청'이라는 것을 제대로 알고, 이것을 일상생활에 적용해보라고 권하는 것이다.

이기주 저자가 '경청(傾聽)'이라는 말의 한자를 파자해서 설명한 것은 경청이 어떤 의미를 가지고 있는지 우리가 제대로 알지 못하기 때문이다. 경청은 상대의 이야기를 그저 듣는 것이 아니다. 상대의 입장이 되어서 상대의 이야기를 듣는 것이다. 그래서 그는 경청은 'hearing'이 아니라 'listening', 즉 '적극적' 듣기이자 '맥락적' 듣기라고 설득한다.

저자는 또 경청이야말로 상대의 마음을 얻을 수 있는 가장 좋은 방법이라고 주장한다. 이렇게 그가 경청을 주장하는 이유는 현대사회에 이기심이 너무 팽배해 있음을 보여주기 위함이다. 인간은 혼자서 살 수 없다. 다른 사람과 조화롭게 살아야 하는데 이를 위해서는 서로가 상대를 배려하고 존중하는 자세가 전제되어야 한다. 이것이 바로 저자가 말하고자 하는 바다.

이 대목을 읽고 나도 느끼는 것이 많았다. 5년 전까지만 해도 나는 상대의 이야기를 잘 듣지 않았다. 그래서 상대와 마찰이 많았고, 몇몇 친구들과 다투기도 했다. 사람들과 관계가 틀어져 이를 고치기 위해 심리치료를 받기도 했다. 그때 상담사 선생님은 "어렵더라도 상대의 이야기를 귀 기울여 듣고 끝까지 들어 보라"고 조언했다. 이후 나는 상담선생님의 조언에 따라 말를 하기보다는 듣는 데 집중하려고 노력한다. 그 결과 현재 나는 상대의 이야기를 끝까지 귀 기울여 들을 줄 아는 사람이 되었다. 이렇게 변하다 보니 상대와의 마찰이 눈에 띄게 줄어들었다.

현재 상황에 맞게 적용하라

진희정의 《내 인생 최고의 조언》에는 스타벅스의 CEO 하워드 슐츠의 조언이 나온다. 그는 "당신에게 없는 기술과 특성이 무엇인지 먼저 파악하라. 그리고 당신에게 없는 것을 갖고 있는 사람을 고용하라"고 조언했다. 이를 가장 잘한 사람이 바로 철강왕 앤드루 카네기다. 카네기는 스스로 "나에겐 뛰어난 능력이 없지만 나는 뛰어난 능력을 가진 사람을 내 편으로 만들 줄 아는 능력은 가지고 있다"고 말했다. 하지만 자신이 CEO가 아닌 이상 어떻게 자신에게 없는 능력을 가진 자를 고용할 수 있을까?

《내 인생 최고의 조언》을 읽고 이 문제에 대해 모임 사람들과 토론을 나누었다. 당시에는 '하워드 슐츠 같은 CEO도 아닌데 어떻게 나에게 없는 것을 갖고 있는 사람을 고용한단 말인가?', '고용은 하워드 슐츠 같은 CEO에만 해당되는 것이 아닌가?' 같은 의견이 많이 나왔다. 만약 '고용'이라는 단어에만 초점을 맞춘다면 이는 틀린 말이 아니다. 하지만 단어의 사전적 의미를 벗어던지고 좀 더 폭넓게 생각해보자. 그러면 이 말이 누구에게나 적용된다는 사실을 알게 된다.

대부분의 사람은 다른 사람을 고용할 수 없는 위치에 있다. 하지만 누구든지 타인을 파트너로 삼을 수는 있다. 하워드 슐츠의 조언을 현재 내 상황에 맞추어 적용할 줄 아는 지혜가 필요하다. 예를 들어 나는 기획하는 능력이 떨어지는 편이다. 그래서 주변에 기획할 줄 아는 사람들과 친분을 쌓고 이들에게 조언을 얻고 있다. 반면 그들은 내게서 얻을 수 있는 필요한 것을 질문해 자신들의 삶에 적용한다.

책을 읽은 후의 생각을 글로 써본다

학창 시절 누구나 한번쯤 독후감을 쓴 경험이 있을 것이다. 책을 읽고 난 후 책에 대한 느낌과 자기 생각을 글로 표현하는 것이 독후감인데, 나는 지금껏 내 생각을 솔직하게 제대로 써본 기억이 없다.

내가 독후감 과제를 주로 했던 시기는 초등학교 4학년부터 중학교 2학년까지였다. 이 시기는 군사정권이 막바지로 치닫던 때였다. 군사독재정권은 집권 기간 내내 표현의 자유를 억압했고, 사람들은 보이지 않는 자기검열에 시달리며 생각의 자물쇠를 스스로 채웠다. 문인들의 활동도 폭이 좁았고, 학교에서 하는 글짓기 행사도 요식행위에 그치는 일이 많았다. 그래서인지, 나는 그 시절 내 생각을 자유롭게 표현하는 일에 서툴렀고, 표현의 자유라는 말 자체도 매우 낯설게 받아들여졌다.

지금도 기억나는 한 장면은 1992년 대통령 선거 유세기간에 있었던 일이다. 당시 중학교 1학년이었던 나는 한 선생님이 수업 시간에 "나는 김대중 후보가 마음에 든다"는 말을 했다가 한 학부모의 신고로 경찰에 잡혀가는 일을 목격했다. 그 일로 그 선생님은 1년 동안 감옥살이를 했다(그 후 재심에서 무죄로 판결났다). 5년이 흐른 고3 교실에서는 선생님들이 마음놓고 후보에 대한 자신의 의견을 밝혔다. 정권에 따라 사회 분위기는 그렇게 달랐다.

어쨌든 표현이 자유롭지 못한 상황에서 독후감을 쓰는 일은 별다른 재미가 없었다. 선생님들은 자신들과 다른 생각을 표현하는 것을 허용하지 않았다. 나는 중학교 2학년 때 이문열의 《우리들의 일그러진 영웅》을 읽고 독후감을 써 제출했다. 그런데 독후감 내용이 문제가 되어 선생님께 심한 꾸중을 들었다. 나는 글에 "내가 주인공이라면 야구 방망이나 심지어 각목을 가져와서 엄석대를 죽도록 팼을 것이다"라는 내 생각을 솔직하게 썼던 것이다. 이것은 선생님이 생각한 정답 '엄석대처럼 나쁜 짓은 하지 말아야겠다'라는 판에 박힌 교훈과는 거리가 멀어도 한참 먼 생각이었다. 이 일로 선생님께 매를 맞았으니, 내가 쓴 독후감의 내용이 잘못된 것인지 선생님의 매질이 잘못된 것인지 당시에도 매우 혼란스러웠다.

선생님께 맞은 기억과는 별개로 가끔 부당한 권력에 맞서 싸우는 사람들의 이야기를 신문이나 뉴스에서 볼 때면 이 소설의 내용이 떠오르곤 한다. 또 이 소설을 통해 어떻게 이 상황에 대처해야 하는지 생각해보기도 한다. 만약 내가 《우리들의 일그러진 영웅》을 읽고 내 생각을 글로 쓰지 않았다면 절대 이런 생각은 하지 못했을 것이다.

글만큼 생각을 표현하기 좋은 도구는 없다

자기 생각을 표현하는 방법에는 '말'과 '글' 두 가지가 있다. 이 두 가지 중 어느 것이 더 좋다고 말할 수는 없지만, 나는 글로 쓰는 것을 좋아하는 편이다. 사실 나는 《우리들의 일그러진 영웅》의 독후감 사건 때문에 한동안 글을 쓸 엄두를 내지 못했다. 그래서 뭐든 말로 표현했다.

말로 내 생각을 표현하면 상대에게 잘못 전달될 수도 있고, 상대가 알아듣지 못해 곤란을 겪을 수도 있다. 경상도 방언에 '문떼다'라는 말이 있는데, 이것은 표준어로 '문지르다'라는 의미다. 이런 뜻을 모르는 사람들은 '문을 떼다'로 이해할 수 있다. 나 자신은 문지르라고 표현했는데 정작 듣는 사람은 '멀쩡한 문을 떼 내라고 하는 것'으로 듣는 것이다.

반면 글쓰기는 말로 표현할 때와 같은 혼란이 없다. 글은 앞뒤 문맥을 살펴보면 무슨 말을 하는지 정확히 이해할 수 있다. 게다가 말은 사투리를 사용해도 글은 어법에 맞게 쓰기에 잘못 전달될 가능성도 낮다. 글은 자신이 원하지 않으면 다른 사람에게 공개하지 않아도 되는 장점이 있다.

말은 휘발성이 있지만 글은 그렇지 않다. 말은 시간이 지나면 잊혀서 복원할 수 없다. 하지만 글은 시간이 지나도 그대로 남아 있다. 글은 필요할 때 다시 볼 수도 있다. 그래서 자기 생각을 표현하는 도구로 글만큼 좋은 것이 없다.

글쓰기는 독서의 완성이다

책 한 권을 다 읽고 덮었을 때, 그 내용을 얼마나 기억할까? 많이 기억한다 해도 채 10퍼센트가 안 된다. 심지어는 읽은 책 내용이 하나도 기억나지 않는 경우도 있다. 이렇게 되면 애써 책을 읽은 효과도 없고, 책을 읽고 난 후 자기 생각을 정리할 수도 없다. 제대로 된 독서가 되려면 내 생각을 글로 써야 한다. 이는 다산 정약용의 말에도 드러난다.

> 다산은 책을 읽을 때 어느 순간 깨달음이 오면서 마음에 품은 의심이 가시는 때가 있는데, 그 순간을 놓치지 말고 기록하라고 했다. 생각은 바람처럼 사라져버리기 때문에 붙들어두지 않으면 없어진다. 이런 바람 같은 생각을 붙잡는 방법으로 메모보다 좋은 것은 없다. '기억을 지배하는 것은 기록'이라는 말이 있다. 잘 다듬어지지 않은 글이라도 순간순간 자기의 고유한 생각이나 느낌들은 잘 담아놓으면 그것이 결국 학문을 발전시키는 힘이 된다.
>
> 모름지기 뜻을 강구하고 고찰하여 그 정미한 뜻을 깨달으면 깨달은 바를 수시로 기록해두어야만 바야흐로 실제의 소득이 있게 된다. 진실로 외곬으로 낭독하기만 한다면 또한 실제의 소득이 없을 것이다.
>
> 다산은 읽기만 해서는 실질적인 소득이 없고, 그때그때 떠오른 생각을 기록해야만 학문이 발전한다고 강조했다. 다산은 경전을 읽다가 머릿속에 떠오른 의문과 생각을 즉시 기록해두고, 그것

을 바탕으로 방대한 저술을 남겼다.

– 권영식, 《다산의 독서전략》

다산이 책을 읽고 떠오르는 생각을 기록해두라고 한 것은 인간은 망각의 존재라는 것을 잘 알고 있기 때문이다. 그리고 책을 단순히 읽는 것만으로는 큰 깨달음을 얻을 수 없다는 것을 알고 있었기 때문이다. 책을 읽고, 독서 노트를 쓰고, 이에 덧붙여 자기 생각을 글로 쓸 때 비로소 책 한 권의 독서가 완성된다.

자기 생각을 글로 쓰면 한눈에 저자의 생각과 자신의 생각을 비교할 수 있다. '어떤 점에서는 저자와 비슷한 생각을 하고, 또 어떤 점에서는 저자와 다른 생각을 한다'는 것을 한눈에 볼 수 있다. 이것이 독서를 통해 폭넓은 시야를 가질 수 있게 한다. 또한 자신을 한 단계 업그레이드할 수 있게 해준다.

나만의 독서법을 정립하고 꾸준히 1년 100권을 실천한다

2019년 2월 7일, PGA 투어 AT&T 페블비치 프로암 대회에 초청받은 한국인 골퍼 최호성 선수는 골프 역사상 가장 말도 안 되는 스윙으로 전 세계 골프 팬의 마음을 흔들었다. 최호성 선수가 대회에서 보여준 스윙은 일반적인 골프 선수들이 하는 것과 달랐다. 마치 골프 동작이라기보다는 낚시를 하는 동작에 가까웠기에 언론에서는 그의 스윙을 '낚시꾼 스윙', '낚시 스윙'이라고 표현했다.

최호성의 스윙은 교과서적인 골프 스윙과는 차이가 있다. 그래서 많은 사람이 스윙 방법을 바꾸라고 조언했다. 하지만 아무리 교과서적인 자세이고 유명 선수들이 쓰는 스윙 방법이라고 해도 자신에게 맞지 않으면 효과가 없다. 그래서 그는 자신만의 방법인 '낚시 스윙'을 고집

했고, 이 스윙으로 국내 무대를 넘어 미국 무대에 입성하는 데 성공했다. 최호성 선수가 우리에게 시사하는 바는 '나만의 방법을 찾으라'는 것이다.

나에게 독서를 잘할 수 있는 방법에 대해서 묻는 사람들이 종종 있다. 그리고 나의 독서 방법을 알려 달라고 하는 사람도 있다. 하지만 나는 내 방법을 참조하라고만 할 뿐 그대로 따라 하라고는 권하지 않는다. 그것은 나에게 최적화된 방법이지, 다른 사람에게 맞는 방법은 아니기 때문이다.

나에게 가장 잘 맞는 책은 어떤 것인지, 어떻게 읽는 것이 가장 효과적인지는 책을 읽다 보면 어느 순간 자연스럽게 깨닫게 된다. 누구에게나 다 통하는 답이 있다면 좋겠지만 인생이 그렇듯 독서에도 그런 것은 없다. 그렇다면 자기만의 독서법을 찾을 수 있는 방법은 무엇일까?

모두에게 통하는 독서법은 없다

나의 동생은 책을 읽을 때 조용한 환경에서 읽는다. 책을 읽기 위해 귀마개까지 해서 주변 소음을 최소화한다. 자기 방에 들어가거나 도서관에서 책을 읽는다. 게다가 책을 읽을 때 절대 책에 밑줄을 긋거나 메모를 하지 않으며, 한 번 읽어서 이해하지 못하면 같은 책을 처음부터 다시 읽는다.

반면에 나는 책을 읽을 때 TV를 켜놓는다. 일부러 적당한 소음을 연결한다. 또 나는 중요한 부분이 나오면 밑줄을 긋고, 책을 다 읽고 나면 노트에 그 부분을 옮겨 적는다. 이렇게 해놓으면 나중에 밑줄 그은 부분만 다시 읽어도 책의 내용을 이해하는 데 아무런 어려움이 없다.

나와 동생의 독서법 중 어느 것이 더 효과적인지는 비교할 수 없다. 개인마다 다르다. 이것은 독서의 대가들도 마찬가지다. 조선 4대 임금 세종은 백번 읽고 백번 필사하는 '백독백습'의 독서법을 사용했다. 반면 정조는 책을 읽고 책에 대해 품평하는 '품평 독서법'을 사용했다. 이처럼 독서의 대가라고 하는 사람들도 저마다의 독서법을 가지고 있다.

다양한 독서법이 존재한다는 것은 결국 독서법에 정답이 없다는 것이다. 다른 사람에게 유용한 방법이라고 해서 자신에게도 무조건 잘 맞는 방법이라는 보장은 없다. 다만 시행착오를 줄일 수 있도록 다른 사람의 사례를 참고할 수는 있다. 그렇다 하더라도 그 사람의 방법을 그대로 베껴서는 안 된다. 어디까지나 그 사람의 방법이지 내 방법은 아니기 때문이다. 그래도 정녕 따라 하고 싶은 타인의 독서법이 있다면 그 사람의 방법을 토대로 해서 그 위에 자기만의 방법을 만들자.

자기만의 독서법은 경험에 비례한다

내가 처음부터 TV를 켜놓고 책을 읽었던 것은 아니었다. 처음에는 나도 조용한 환경에서 책을 읽었다. 조용한 환경이 집중도 잘되고, 진도도 잘 나갔다. 하지만 시간이 지나자 이런 환경에서는 지루해지고 졸음이 몰려와서 제대로 독서를 할 수 없었다. 그래서 다른 방법들을 시도하다가 찾은 것이 TV를 켜놓고 독서하는 것이었다.

처음에는 TV 소리 때문에 책을 읽는 데 집중할 수가 없었다. 하지만 계속 시도해보니 TV 소리가 나도 집중하는 데 아무런 문제가 없었다.

오히려 집중이 더 잘되었다. 그래서 그 이후로는 계속 TV를 켜고 책을 읽고 있다. 이 때문인지 소음이 심한 비행기나 고속열차를 타고 이동할 때도 책을 읽는 데 부담감이 없다.

그리고 나는 책을 읽는 자세도 자기만의 것이 필요하다고 생각한다. 대부분의 사람은 책을 읽을 때 정자세로 앉아서 읽어야 한다고 생각한다. 하지만 이것도 자신에게 맞지 않으면 오히려 독이 된다.

나는 책을 읽을 때 항상 책상이나 소파에 앉아서 읽지는 않는다. 인문학 책 같은 경우는 책상이나 소파에 앉아서 읽지만, 자기계발서나 소설 같은 경우는 누워서 읽기도 한다. 때로는 인문학 책도 누워서 읽기도 한다. 하지만 책의 특성상 이런 종류는 누워서 읽을 경우 잠에 금세 빠져들기 때문에 가능하면 바른 자세로 앉아서 읽으려 노력하는 편이다.

책에 따라, 자신의 환경과 조건에 따라 독서법은 그때그때 달라질 수 있다. 이런 방법을 처음부터 터득할 수 있는 것은 아니다. 책을 읽다 보니 자신에게 맞는 방법을 찾은 것이다. 자신만의 독서법으로 1년 100권 읽기를 최소 5년은 유지하길 바란다.

독서는 나뿐만 아니라 세상도 바꿀 수 있다!

단단한 바위에 떨어지는 한 방울의 물로는 바위를 절대 깨뜨릴 수 없다. 하지만 한 방울의 물이 오랜 시간 계속해서 바위 위로 떨어지다 보면 언젠가는 바위에 균열을 만들고, 결국에는 바위를 깨뜨린다. 나는 이 진리를 깨닫는 데 오랜 시간이 걸렸다. 이 과정을 거치는 동안 변화가 눈에 보이지 않아서, 나만 다른 사람들보다 뒤떨어지는 것 같은 초조함에 사로잡혀 정작 나 자신이 서서히 변화하고 있다는 것을 느끼지 못했다. 그러던 중 독서를 하면서 이를 깨닫게 되었다.

독서를 시작하고 한동안은 독서가들이 한결같이 말한 "책을 읽으면 꿈을 이룰 수 있다", "책이 인생의 터닝 포인트가 될 것이다"라는 말을 귓등으로 듣고 넘겼다. 이 말을 믿고 책을 읽기 시작했지만 '내가 변화되었구나'라는 것을 쉽사리 느낄 수 없었기 때문이다. 나는 저자들이 독자들에게 거짓말하는 것이라 단정했고, 저자의 강연 때 따져 물으려고 했다. 하지만 저자의 강연을 듣고 나서 내가 '편견'에 갇혀 있다는 것을 알았다.

그들은 간절한 마음으로 오랜 시간 꾸준히 읽어야 변화된다는 것을 알려주었다. 그래서 나는 치열하게 책을 읽기로 했고, 이것을 '파워 독서'라 이름 붙였다.

2019년은 본격적으로 책을 읽은 지 10년째 되는 해다. 이 기간 동안 나에게 많은 일이 있었다. 그동안 Reading부산 독서 토론 모임을 만들어 운영한 지도 햇수로 4년째가 된다. 또한 첫 책을 출간한 지도 만 3년이 흘렀고, 그동안 세 권의 책을 출간했다. 이런 변화는 이전에는 감히 꿈을 꿀 수 없는 변화였다. 파워 독서가 나에게 준 선물이다.

지금이야 웃으면서 이야기할 수 있지만, 그 과정은 결코 순탄치만은 않았다. 초반 3년간은 아무런 변화가 없어 '독서가 가치 없는 것'이라 생각하고 수없이 포기하려고 했다. 그럴 때마다 내 주위에 좋은 사람들이 다가왔다. 그때마다 이들에게 조언을 얻었고, 지금까지 오게 되었다.

독서로 인한 변화는 갑자기 찾아왔다. 너무 갑작스러워 얼떨떨했지만 돌아보니 이 모든 변화가 준비의 산물이었다. 꾸준히 준비하고 갈고 닦았기에 기회가 다가온 것이고 이를 정확히 인식했던 것이다.

파워 독서는 일차적으로 나 자신을 변화시킨다. 그리고 이렇게 변화된 한 사람 한 사람이 모이면 세상도 변화시킬 수 있다. 우리는 지난 2016년, 한 사람 한 사람이 모여 2017년 3월 세상을 변화시킨 경험을 가지고 있다. 이런 일은 사실 처음이 아니었다. 1960년 4·19 혁명도 그랬고, 1987년 6월 항쟁 때도 그랬다.

내가 대의원으로 있는 '부산양서협동조합'의 최준영 고문도 그러한 경우다('부산양서협동조합'은 1979년 부마민주항쟁과 부산 민주화운동의 밑거름이 되었던 곳으로 강제 해산된 지 36년 만인 2015년 다시 문을 열었다). 최준영 씨는 영화 <변호인>의 배경이 되는 '부림사건' 피해자로 1980년대 초반 옥고를 치렀다. 이 영화에서 배우 임시완이 연기한 '국밥집 아들'이 바로 그를 모델로 한 것이다. 그때 그가 몸담은 곳이 지금의 협동조합이다. 당시 서울대를 졸업하고 30대로 접어들었던 그는 지역 대학생들과 독서 토론을 하면서 민주화에 대한 열망을 키워나갔다.

그러던 중 '부림사건'이 발생했고, 이것으로 인해 그 열망이 꺾이는 듯했지만 1987년 마침내 열망은 현실이 되었다. 그리고 그때 그와 함께 책을 읽고 토론했던 학생 대부분이 당시 민주화의 주역이 되었다. 바로 이것이 독서를 통해 세상을 바꾼 증거다. 이것을 느꼈기에 그는 2015년에 1981년 신군부에 의해 명맥이 끊긴 협동조합을 살려서 지금에 이르게 했다.

현재 협동조합은 1980년대처럼 운영하지 않는다. 하지만 독서를 통해 사람을 변화시킨다는 것에는 변함이 없다. 시대가 바뀐 만큼 그는 독서를 통해 개인을 변화시키고 행복을 증진시키는 데 초점을 맞추고 있다.

독서를 통해 세상을 바꾼다고 하면 거창해 보이지만, 사실 그것은 결국 '한 사람의 변화'라는 작은 변화가 있었기에 가능한 것이다. 바로 그 변화의 중심에는 독서가 있다. 독자들도 이전과 다른 삶을 살고 싶다면 지금 즉시 책을 집어 들고 읽어보라.

참고 문헌

기성준, 《독서법부터 바꿔라》, 북씽크, 2015.
사이토 다카시, 김효진 옮김, 《독서는 절대 나를 배신하지 않는다》, 걷는나무, 2015.
사이토 다카시, 황성종 옮김, 《독서력》, 웅진지식하우스, 2015.
안상헌, 《인문학 공부법》, 북포스, 2012.
이동진, 《이동진 독서법》, 위즈덤하우스, 2017.
이지성, 《리딩으로 리드하라》, 문학동네, 2010.
이지성, 《생각하는 인문학》, 차이, 2015.
이지성, 정회일, 《독서천재가 된 홍대리》, 다산북스, 2011.
이타가키 에이켄, 김정환 옮김, 《손정의 제곱 법칙》, 한국경제신문사, 2015.

초격차 영업법

이정식 지음 | 14,300원

장기불황 · 저성장 · 서든데스 시대, 경쟁자가 감히 따라잡을 수 없는 초격차 기업들만의 현장 전략!

'초격차 영업 4P모델'은 저성장은 물론 역성장시대에도 매출을 올릴 수 있는 영업 전략 모델이다. 이는 영업 프레임워크를 위한 '전략 영업'과 이런 전략을 실행에 옮기는 '실행 영업', 그리고 효율과 생산성을 만들어 낼 수 있는 '프로세스 영업', 마지막으로 단기적 성과는 물론 장기적 성과를 낼 수 있는 '성과 영업'을 말한다. 그리고 이 책에서는 이를 쉽게 이해하고 자신의 영업 상황에 적용 가능하도록 설명한 것을 담고 있다.

창업은 브랜딩이다

김영수, 조진희, 정의홍 지음 | 15,000원

100여 개 브랜드의 론칭과 리뉴얼, 경영 등 브랜딩 전략 프로젝트를 수행한 컨설팅 그룹의 창업자를 위한 브랜딩 전략'

고객이 우리 회사를 찾지 않는 이유를 알 수 없었다면, 신사업을 구상하는데 어디서부터 시작할지 막연하다면, 왜 내 창업은 늘 수명이 짧은지 답답하다면, 이 책을 읽자. 100여 개 브랜드를 성공적으로 론칭, 리포지셔닝한 브랜드 모델링 전문가가 내 비즈니스 이해를 바탕으로 시장과 경쟁자 분석, 고객 분석, 장기 전략 수립까지 '창업을 위한 브랜딩'의 모든 것을 알려준다.

브랜딩의 관점에서 비즈니스를 재정의하고, 세부 경영 전략을 세우는 이 책은 저자의 풍부한 사례, 국내외 성공 사례 분석을 바탕으로 내 비즈니스에 맞는 브랜드, 찰나가 아니라 100년 가는, 스토리를 가진 영속하는 브랜드를 만드는 매뉴얼을 제공한다.